Arbeitsrecht für Personalreferenten

Eine Individual- und Kollektivarbeitsrechtliche Grundschulung für Fachkräfte im betrieblichen Personalwesen

Herstellung und Verlag:
Books on Demand GmbH, Norderstedt
ISBN 978-3-8448-1713-3

1. Abmahnung

Die Abmahnung ist zu unterscheiden von Ermahnungen und Beanstandungen, mit denen am Verhalten des Arbeitnehmers Kritik geübt wird, von denen aber keine Warnfunktion ausgeht. Solche Hinweise haben lediglich Sanktionscharakter und wirken nicht unmittelbar kündigungsvorbereitend, sie verhindern aber Entstehen einer Vertrauenstatbestandes. Sie können, müssen aber nicht, Vorstufe für den Ausspruch einer Abmahnung sein.
Die Ermahnung dokumentiert den arbeitsvertraglichen Pflichtenverstoß und enthält eine entsprechende Rüge. Sie stellt also eine „Abmahnung ohne Warnfunktion" dar. Die Ermahnung wird in der Praxis als Vorstufe zur Abmahnung empfohlen, weil sie das mildeste Rügemittel darstellt und damit keine so heftige Reaktion des Arbeitnehmers wie bei der Abmahnung auslöst. Sie kann mündlich oder auch schriftlich ausgesprochen werden.

1a. Abgrenzung

Das Fehlverhalten eines Arbeitnehmers kann gleichzeitig einen Vertragsverstoß und ein **gemeinschaftswidriges Verhalten**, d.h. einen Verstoß gegen die **kollektive Ordnung**, darstellen. Die Betriebsbuße dient dazu, eine generelle **betriebliche Ordnung** durchzusetzen, sie wird häufig in Form von sog. Verwarnungen oder Rügen ausgesprochen.
In einem solchen Fall steht es dem Arbeitgeber- die Existenz einer betrieblichen Bußordnung vorausgesetzt- frei, ob er eine Abmahnung und/ oder einen Verweis aussprechen will. Der AG muss gegenüber dem AN eindeutig und klar zum Ausdruck bringen, wozu er sich entschieden hat.
Beispiele aus der betrieblichen Praxis stellen die Umgehung von betrieblichen Kontrollen und die Missachtung von Rauch- oder Alkoholverboten dar.
Die Betriebsbuße stellt eine Strafmaßnahme zur Durchsetzung der betrieblichen Ordnung dar.
Sie unterscheidet sich von der Abmahnung dadurch, dass die Abmahnung nur vom Einzelnen die Einhaltung der arbeitsvertraglich oder gesetzlich geschuldeten Pflichten fordert.
Sie setzt sowohl eine Betriebsbußenordnung als auch die Beteiligung des Betriebsrates im Einzelfall der Verhängung der Buße voraus.

Die Abmahnung ist die Rüge eines konkreten Fehlverhaltens, verbunden mit der Androhung vertraglicher Konsequenzen für den Fall der Wiederholung ähnlich gelagerter Pflichtverletzung. Zugleich fordert der AG den AN für die Zukunft zu einem vertragstreuen Verhalten auf.
Sie geht grundsätzlich einer verhaltensbedingten Arbeitgeberkündigung unter vorausgesetzter Anwendung des Kündigungsschutzgesetzes als milderes Mittel vor.

Ein einschlägig abgemahnter AN kann sich später nicht mehr darauf berufen, er habe gedacht, der AG dulde sein Verhalten, weil dieser nie etwas gesagt habe.
Durch die Aufnahme der Abmahnung in die Personalakte eines abgemahnten AN wird die Pflichtverletzung förmlich dokumentiert.

1b. Vorbereitung der Abmahnung

Wenn möglich sollten zur Vorbereitung einer Abmahnung schriftliche Aussagen der Beteiligten eingeholt werden. Das führt auf der einen Seite dazu, dass der Beschwerdeführer sich noch einmal überlegt, ob es wirklich so gewesen ist, denn jetzt zeigt sich, dass an seiner Behauptung festgehalten werden kann und Beschuldigungen nicht ohne Konsequenzen erhoben werden können.

Eine Anhörung des AN vor Ausspruch der Abmahnung ist grundsätzlich nicht erforderlich.

1c. Inhalt der Abmahnung

Es ist ratsam,
als Überschrift das Wort "Abmahnung" zu verwenden, damit dem Arbeitnehmer auf einen Blick klar ist, um was es geht;
die Abmahnung kurz zu fassen, d. h. den Vorwurf auf den Punkt zu bringen, damit der Betroffene in der Lage ist, die Fakten zu erfassen und sofort weiß, was er ändern muss.
In gebotener Kürze aber Genauigkeit erfordert daher das als "Abmahnung" bezeichnete Schreiben den
Vorwurf einer ganz konkreten Pflichtverletzung
Eine Abmahnung kann nur Wirksamkeit entfalten, wenn sie dem anderen Vertragsteil die Pflichtverletzung klar vor Augen führt, man sagt, sie muss hinreichend bestimmt sein. Dem anderen (in aller Regel dem Arbeitnehmer) soll sein Fehlverhalten klar und unmissverständlich vor Augen geführt werden. Zudem hat der Abgemahnte nur bei konkreter Darlegung die Möglichkeit, konkret Stellung zu nehmen und sich zu verteidigen.
Hier werden immer wieder vermeidbare Fehler gemacht, indem oberflächlich und unsubstantiiert nichtssagende Floskeln verwendet werden. Wichtige Punkte sind dabei die Angabe von Datum, Ort, Uhrzeit und Art der Pflichtverletzung.

1d. Beispiele für ungenaue Vorwürfe

"Ihr Verhalten ist unmöglich"; "Ihre Leistung lässt zu wünschen übrig"; "Immer wieder kommen Sie zu spät", "Sie stören den Betriebsfrieden", "Sie sind unzuverlässig".
Diese Aussagen sind zu allgemein, sie sind lediglich Schlagworte und machen die Abmahnung unwirksam. Das beanstandete Verhalten muss so genau wie möglich bezeichnet werden.
Beispiel für einen genauen Vorwurf:
"Sie sind am 1.8.2004 erst um 10.15 Uhr zur Arbeit gekommen.", "Sie haben am 12.8.2004 Ihrem Vorgesetzten, Herrn ... erklärt, Sie würden seine Anweisung, das Buch ... aus dem Lager zu holen, nicht befolgen."
Hinweis darauf, dass im Wiederholungsfall der Inhalt oder der Bestand des Arbeitsverhältnisses gefährdet ist.
Dieses Erfordernis wird in der Praxis überwiegend erkannt. Dennoch kann man auch hier Fehler machen:

Der Arbeitgeber ist nicht gezwungen, die arbeitsvertraglichen Konsequenzen, die bei einer Wiederholung des Fehlverhaltens gezogen werden sollen, konkret zu nennen. Denn der Arbeitnehmer darf nicht darauf vertrauen, dass der Arbeitgeber nacheinander alle denkbaren Konsequenzen ergreift, bevor er die Kündigung ausspricht. Dennoch bietet sich meist an, die Konsequenz "Kündigung" konkret zu nennen, damit der Abgemahnte deutlich erkennt, "jetzt wird es ernst".
Der Arbeitgeber sollte sich selbst nicht in Zugzwang bringen mit dem Hinweis, im Wiederholungsfall werde in jedem Fall gekündigt. Besser ist es, mitzuteilen, bei nochmaligem ähnlichem Pflichtverstoß sei "mit einer Kündigung zu rechnen". Denn es ist möglich, dass bei einem Wiederholungsfall der Arbeitgeber aus besonderen, nicht vorhersehbaren Gründen gerne auf eine Kündigung verzichten würde, sich aber durch die Androhung in der vorangegangenen Abmahnung, das nächste Mal in jedem Fall zu kündigen, selbst in Zugzwang gebracht sieht.
Der Arbeitgeber ist nicht gezwungen darauf hinzuweisen, dass Konsequenzen nur bei der Wiederholung eines genau gleichen Vorfalls gezogen werden. Es reicht aus, wenn von der Wiederholung "ähnlicher Pflichtverletzungen" oder sogar noch allgemeiner von "weiteren Pflichtverletzungen" gesprochen wird.
Praxis-Beispiel
"Sollten sich ähnliche Pflichtverletzungen wiederholen, müssen Sie mit einer Kündigung des Arbeitsverhältnisses rechnen."

1e. Abmahnungsberechtigte

Die Abmahnung kann durch den Arbeitgeber selbst, von bevollmächtigten Vertretern wie z. B. von Vorgesetzten ausgesprochen werden. Denn nach der Rechtsprechung des BAG sind alle Mitarbeiter abmahnungsberechtigt, die aufgrund ihrer Aufgabenstellung dazu befugt sind, Anweisungen bezüglich des Orts, der Zeit sowie der Art und Weise der arbeitsvertraglich geschuldeten Arbeitsleistung zu erteilen. Das sind die Personen, an die das Direktionsrecht delegiert wurde. Damit sind grundsätzlich die leitenden Angestellten wie die Abteilungs-, Personal-, Filial-, Zweigstellenleiter, aber auch die Vorgesetzten (Z.B der Verkaufsleiter oder TPL) zum Ausspruch von Abmahnungen berechtigt. Da aber die Abmahnung den gerügten Pflichtverstoß als Kündigungsgrund verbraucht, Fehler beim Ausspruch einer Abmahnung gemacht werden können und im Übrigen u. U. der Dokumentationspflicht nicht nachgekommen wird, sollte intern der Kreis der Abmahnungsberechtigten eingeschränkt werden.

1f. Hinreichende Bestimmtheit der Abmahnung

Wie bereits unter Inhalt der Abmahnung dargelegt, erfordert die Abmahnung zu ihrer Wirksamkeit den Vorwurf einer ganz konkreten Pflichtverletzung. Nur dann ist die Abmahnung wirksam.
Es ist erforderlich, das beanstandete Verhalten so genau wie möglich zu bezeichnen

1g. Zugang der Abmahnung und Kenntnisnahme von ihrem Inhalt

Die Abmahnung ist zwar keine Willenserklärung, gilt aber als geschäftsähnliche Handlung, weshalb für ihren Zugang die Regelungen über den Zugang von Willenserklärungen (§§ 130 bis 132 BGB) entsprechend gelten. Hieraus folgt zuerst, dass die Abmahnung allenfalls Wirkung entfalten kann, wenn sie dem Abmahnungsempfänger tatsächlich zugeht (vgl. § 130 Abs. 1 BGB).

Bei einer mündlichen Abmahnung (auf die man wegen der schwierigen Beweisführung tunlichst verzichten sollte), hierzu zählt auch die telefonische, wird verlangt, dass der Empfänger die mündliche Erklärung auch verstehen kann, weshalb der Zugang z. B. bei Taubheit, Sprachunkenntnis oder Bewusstlosigkeit ausgeschlossen ist.

Eine schriftliche Abmahnung unter Anwesenden ist mit der Übergabe des Schriftstücks zugegangen.

Unter Abwesenden ist sie nach § 130 Abs. 1 S. 1 BGB dann zugegangen, wenn sie in verkehrsüblicher Art in die tatsächliche Verfügungsgewalt des Empfängers oder eines anderen, der ihn in der Empfangnahme von Briefen vertreten konnte, gelangt und ihm dadurch die Möglichkeit der Kenntnisnahme verschafft ist.

Bei der Abmahnung gilt zusätzlich eine Besonderheit, dass der reine Zugang nicht ausreicht. Das BAG fordert als Wirksamkeitsvoraussetzung einer Abmahnung, dass über ihren Zugang hinaus auch die Kenntnis des Empfängers von ihrem Inhalt vorliegt.

Das heißt für die betriebliche Praxis: Grundsätzlich muss nicht nur der Zugang einer Abmahnung, sondern auch die Kenntniserlangung von ihrem Inhalt bewiesen werden.

Im Übrigen gilt für den Zugang: Der, der sich auf die Abmahnung beruft, muss ihren Zugang bei Bestreiten beweisen (in den meisten Fällen der Arbeitgeber). Allein der Beweis der Aufgabe zur Post begründet jedoch noch keine Vermutung, dass ein einfacher Brief auch tatsächlich zugegangen ist. Wird dagegen die Abmahnung per Einschreiben versandt und ist beim Empfänger niemand anzutreffen, geht das Schreiben nicht zu, da in den Briefkasten und damit in die Verfügungsgewalt nicht das Einschreiben selbst, sondern nur ein Benachrichtigungszettel gelangt.

Es kommen auch in der Praxis Fälle vor, in denen zwar nicht der Zugang eines Briefkuverts wohl aber dessen Inhalts bestritten wird. Deshalb muss notfalls der Beweis erbracht werden, dass das Abmahnungsschreiben in das Kuvert gesteckt wurde (Sekretärin oder Bote vor Einwurf in den Briefkasten) und es zuging (z. B. durch Boten). Den Empfang durch persönliche Übergabe sollte man sich am besten unter Angabe des Datums schriftlich durch den Empfänger oder einen hinzugezogenen Zeugen bestätigen lassen.

1h. Zeitpunkt der Abmahnung

Es gibt keine so genannte Regelausschlussfrist, nach deren Ablauf eine Abmahnung nicht mehr ausgesprochen werden kann. Der Abmahnungsberechtigte kann also frei entscheiden, ob und wann er die Abmahnung aussprechen will.

Allerdings unterliegt das Recht zur Abmahnung wie auch jedes andere Rechtsinstitut der Verwirkung. Dieses greift dann, wenn der Abmahnungsberechtigte lange Zeit ohne Reaktion zuwartet (Zeitmoment, z. B. sechs Monate bis ein Jahr) und durch sein Verhalten beim betroffenen Vertragspartner der Eindruck geweckt wird, es werde nichts mehr unternommen, die Angelegenheit sei erledigt, sodass nach Treu und Glauben unter Berücksichtigung aller Umstände dem Vertragspartner die Änderung seines Verhaltens nicht mehr zuzumuten ist (Umstandsmoment).
Je länger der Abmahnungsberechtigte zuwartet, umso weniger wird er mit einer Abmahnung überzeugen können. Es entsteht der Eindruck, dem Vorfall werde keine besondere Bedeutung zugemessen, er sei nicht so wichtig.
Praxistipp:
Die Abmahnung sollte zügig nach dem Vorfall ausgesprochen werden. Sonst verliert der Vorfall an Bedeutung.

2. Kündigungsrechtliche Bedeutung der Abmahnung

2 a. Pflicht zur vorherigen Abmahnung

Grundsätzlich gilt: Die Abmahnung geht der (verhaltensbedingten) außerordentlichen oder verhaltensbedingten ordentlichen Kündigung vor. Sie geht auch einer personenbedingten Kündigung vor, wenn es sich um durch den Willen beeinflussbare Kündigungsgründe handelt.
Will der Arbeitgeber ordentlich (d. h. unter Einhaltung der Kündigungsfrist) kündigen und findet das Kündigungsschutzgesetz Anwendung, muss die Kündigung sozial gerechtfertigt sein, sie muss "bedingt" sein durch die in § 1 Abs. 2 genannten Kündigungsgründe, damit handelt es sich aber letztlich wieder um die Frage der Zumutbarkeit.
Da die Kündigung die einschneidendste arbeitsrechtliche Maßnahme ist, kommt sie nur in Betracht, wenn ein milderes Mittel nicht zumutbar ist. Die Kündigung ist ultima ratio (letztes Mittel). Bei Vertragspflichtverletzungen, die ihren Ursprung im Verhalten des Arbeitnehmers haben, ist zu berücksichtigen, dass der Arbeitnehmer künftig sein Verhalten ändern und sich vertragsgemäß verhalten kann. Denn "Verhalten" ist im Gegensatz zu den meisten personenbedingten Gründen wie Krankheit etc. steuerbar. Deshalb ist in solchen Fällen dem Arbeitnehmer erst einmal Gelegenheit zu geben, sein Verhalten zu ändern ohne dass es zum Äußersten der Kündigung kommt, er ist statt einer Kündigung abzumahnen.
Geht es allerdings nur um eine ordentliche Kündigung und hat der Arbeitnehmer keinen Kündigungsschutz nach dem KSchG, wird die Kündigung nicht nach Zumutbarkeitskriterien überprüft, d. h. der Arbeitnehmer braucht nicht abgemahnt zu werden.

Das Abmahnerfordernis gilt zunächst bei Störungen im Leistungsbereich. Hierzu gehören die Hauptpflichten (Arbeits- und Vergütungspflicht vgl. § 611

Abs. 1 BGB), aber auch Nebenpflichten im Arbeitsverhältnis (z. B. pflegliches Behandeln des Eigentums des Arbeitgebers, unverzügliche Anzeige der Arbeitsunfähigkeit, schlechte Arbeit etc. Eine Störung im Leistungsbereich liegt zum Beispiel auch bei einem verspäteten Arbeitsantritt vor. Wegen des "ultima-ratio-Prinzips" muss dem Arbeitnehmer vor einer Kündigung durch (mindestens) eine Abmahnung sein Fehlverhalten aufgezeigt (Hinweisfunktion) und für den Fall der Wiederholung eine Kündigung angedroht (Warnfunktion) werden.
Problematischer ist es, wenn der Vertrauensbereich betroffen ist.
Auch bei Störungen im Vertrauensbereich ist jedenfalls dann vor der Kündigung eine Abmahnung erforderlich, wenn es um ein steuerbares Verhalten des Arbeitnehmers geht und eine Wiederherstellung des Vertrauens erwartet werden kann.
Besser ist es, nach Art der Pflichtverletzung zu differenzieren und die Frage zu beantworten, ob die Möglichkeit besteht, dass das vertragswidrige Verhalten durch eine (weitere) Abmahnung abgestellt werden kann oder das Fehlverhalten so schwer wiegt, dass eine Abmahnung entbehrlich ist.

2 b. Wirkung der Abmahnung

Mit der Abmahnung verzichtet der Abmahnende auf die Kündigung. Damit kann er wegen des von ihm abgemahnten Verhaltens nicht zugleich die Kündigung aussprechen. Nur eine vergebliche Abmahnung kann als Kündigungsgrund dienen. Denn sie ist erst die Grundlage für eine negative Prognose der auf die Zukunft gerichteten Kündigungsgründe.
Das erfordert aber Kenntniserlangung vom Inhalt der Abmahnung und ausreichende Zeit, das Verhalten umzustellen und einen weiteren, ähnlich gelagerten Pflichtverstoß.

2 c. Entbehrlichkeit der Abmahnung

Die Abmahnung ist entbehrlich, wenn sie kein geeignetes Mittel ist oder ohnehin eine Negativprognose für die weitere Vertragsbeziehung vorliegt. Sie ist nur dann geeignetes Mittel, wenn mit ihr eine Änderung des Verhaltens erzielt werden kann.
Daher ist nicht anzumahnen, wenn die Vertragspflichtverletzung so schwer war, dass der Arbeitnehmer unter keinen Umständen damit rechnen konnte, der Arbeitgeber werde sie hinnehmen.
Beispiele: Androhen von Arbeitsunfähigkeit, Tätlichkeiten wie körperliche, auch sexuelle Attacken gegenüber Mitarbeitern oder Vorgesetzten, schwere Bedrohung des Arbeitgebers oder von Vorgesetzten, Schmiergeldannahme, Straftaten gegen das Vermögen des Arbeitgebers wie Diebstahl, Unterschlagung, Betrug, Manipulation bei der Zeiterfassung, Vortäuschen einer Arbeitsunfähigkeit, Verstoß gegen Wettbewerbsverbot.
Zudem gilt dies, wenn der Arbeitnehmer bereits ernsthaft ausdrücklich erklärt hat, er werde sein Verhalten nicht ändern, egal was komme, er also eindeutig nicht gewillt ist, sich vertragsgerecht zu verhalten.
Dies gilt auch, wenn er seine Vertragsverletzungen hartnäckig und uneinsichtig fortsetzt, obwohl er die Vertragswidrigkeit seines Verhaltens kannte; der

Arbeitgeber müsste auch hier bei Ausspruch einer Abmahnung mit weiteren erheblichen Pflichtverletzungen rechnen.

Praxis-Beispiel

Der Arbeitnehmer verlangt für den 16.8. Urlaub. Der Arbeitgeber muss die Urlaubsgewährung, da Ferienzeit ist und viele Arbeitnehmer sich im Urlaub befinden, verweigern. Der Arbeitnehmer erklärt daraufhin: "Entweder ich bekomme Urlaub, oder ich bin eben krank." Als der Arbeitnehmer am 16.8. tatsächlich nicht erscheint, will der Arbeitgeber die fristlose Kündigung aussprechen.

Hier liegt ein Verhalten des Arbeitnehmers vor, das grundsätzlich geeignet ist, eine Kündigung, auch eine fristlose, zu rechtfertigen. Der Vertrauensbereich ist nachhaltig verletzt. Es genügt der einmalige Vorfall, um einen fristlosen Kündigungsgrund "an sich" annehmen zu können, wenn der Arbeitnehmer im Zeitpunkt der Androhung sich tatsächlich nicht krank fühlte. Schließlich bringt er ja mit dieser Erklärung zum Ausdruck, wenn der Arbeitgeber nicht nachgebe, werde er, obwohl er nicht krank ist, eine Krankheit zum Schaden des Arbeitgebers (Entgeltfortzahlung) vortäuschen. Das wäre dann ein Betrug. Keine Rolle spielt dabei, ob der Arbeitnehmer an diesem Tag später tatsächlich krank wird. Es kommt nur darauf an, ob der Arbeitnehmer zu einem Zeitpunkt, zu dem er sich objektiv nicht krank fühlte, die Krankheit angedroht hat.

Einer Abmahnung bedurfte es in diesem Fall nach Auffassung des BAG nicht. Sie sei nur erforderlich, wenn der Arbeitnehmer mit vertretbaren Gründen annehmen könne, sein Verhalten sei nicht vertragswidrig oder werde vom Arbeitgeber zumindest als ein nicht erhebliches, den Bestand des Arbeitsverhältnisses gefährdendes Fehlverhalten angesehen. Ein solcher Ausnahmefall liege aufgrund der nachdrücklichen Ermahnung der Klägerin vor Urlaubsantritt zur pünktlichen Rückkehr sowie der nachdrücklichen Ablehnung einer Urlaubsverlängerung nicht vor.

2 d. Abmahnungstatbestände bei verhaltensbedingter ordentlicher Kündigung

Störungen im Leistungsbereich sind nach Auffassung des BAG zunächst alle Beeinträchtigungen im Bereich der gegenseitigen Hauptpflichten aus dem Arbeitsvertrag, also einerseits die Pflicht zur Arbeitsleistung, andererseits die Pflicht zur Vergütung, zudem die Störungen im Bereich der Nebenpflichten.

Beispiele:

Alkoholgenuss trotz zulässigem Verbot

Verletzung der Anzeige- und Nachweispflichten bei Krankheit (§ 5 EFZG)

Arbeitsverweigerung

außerdienstliches Verhalten mit negativen Auswirkungen für den Arbeitgeber (z. B. Nebentätigkeit eines Bankkassierers im Nachtgewerbe)

Beleidigung

Betriebsfrieden (z. B. Denunzieren von Kollegen, Gehässigkeit, Aufstacheln ...)

unentschuldigtes Fernbleiben von der Arbeit

Schlecht- und Minderleistung

Verstoß gegen Schutzpflichten (z. B. nicht rechtzeitiges Verhindern von Ausschuss, Beschädigen von Arbeitgebereigentum)

Verspätungen.

2 f. Beteiligungsrechte des Betriebsrats

Der Betriebsrat muss bei Ausspruch der Abmahnung nicht beteiligt, ja nicht einmal vom Ausspruch informiert werden, wohl aber bei einer evtl. später beabsichtigten Kündigung (§ 102 BetrVG). Dies kommt daher, weil dem Betriebsrat nur Rechte zustehen, die ihm vom Betriebsverfassungsgesetz zugewiesen sind. Da die Abmahnung aber ein Produkt der Rechtsprechung zum Individualarbeitsrecht ist, gibt es im Betriebsverfassungsgesetz keine Regelung, die sich mit der Abmahnung direkt befasst.
Dennoch wird der Betriebsrat in der Praxis nicht selten über den Ausspruch einer Abmahnung durch den Arbeitgeber informiert. Solche zusätzlichen und freiwilligen Informationen tragen dazu bei, die vom Gesetz geforderte "vertrauensvolle Zusammenarbeit" (vgl. § 2 Abs. 1 BetrVG) zu stärken.
Der abgemahnte Arbeitnehmer kann sich beim Betriebsrat beschweren, wenn er sich durch die Abmahnung benachteiligt oder ungerecht behandelt fühlt. In einem solchen Fall ist es Aufgabe des Betriebsrats, zunächst zu prüfen, ob er die Beschwerde für berechtigt erachtet oder nicht. Hält der Betriebsrat die Beschwerde für berechtigt, muss er gemäß § 85 Abs. 1 BetrVG beim Arbeitgeber vorstellig werden und Abhilfe der Beschwerde verlangen. Der Arbeitgeber hat dann dem Betriebsrat über die Behandlung der Beschwerde Bescheid zu geben und eine unberechtigte Abmahnung aus der Personalakte zu entfernen.
Kommt zwischen Arbeitgeber und Betriebsrat keine Einigung über die Berechtigung der Beschwerde zustande, kann der Betriebsrat gemäß § 85 Abs. 2 BetrVG die Einigungsstelle anrufen, die dann ihrerseits über die Berechtigung der Beschwerde entscheidet.
Gibt der Arbeitnehmer zur Abmahnung eine schriftliche Stellungnahme gemäß § 83 Abs. 2 BetrVG ab (Gegenvorstellung), und will der Arbeitgeber zu einem späteren Zeitpunkt dem Arbeitnehmer kündigen und sich hierbei auch auf die Abmahnung stützen, muss er den Betriebsrat nach § 102 Abs. 1 BetrVG nicht nur über den Inhalt der Abmahnung, sondern auch über den Inhalt der Gegenvorstellung unterrichten, sonst ist die Information unvollständig - mit der Folge der Unwirksamkeit der Kündigung (§ 102 Abs. 1 Satz 2 BetrVG).

2 g. Entwertung der Abmahnung durch Zeitablauf

Haben sich nach Ausspruch der Abmahnung längere Zeit keine gleichgelagerten Vorkommnisse ereignet, verliert die Abmahnung an Bedeutung. Denn sie kann in einem Dauerschuldverhältnis wie dem Arbeitsverhältnis keinen Dauerdruck erzeugen. Der Arbeitnehmer zeigt ja gerade durch sein vertragsgerechtes Verhalten, dass er sich die Abmahnung zu Herzen genommen hat.
Das BAG lehnt die Festlegung bestimmter Fristen ab und vertritt die Ansicht, es komme auf die Umstände des Einzelfalls an. Dies leuchtet ein, gibt es doch Fälle, die so schwer wiegen, dass eine Kündigung sogar ohne Ausspruch einer Abmahnung möglich gewesen wäre (z. B. Tätlichkeiten) und solche, die so unbedeutend sind, dass selbst eine Abmahnung als zu krass empfunden wird (z. B. eine Minute zu spät kommen).
Dennoch wird man zumindest im Normalfall nach 2 bis 3 Jahren eine Abmahnung, wenn sich kein ähnlich gelagerter Fall ereignet hat, aus der

Personalakte entfernen werden müssen. Hierüber sollte der Arbeitnehmer benachrichtigt werden, was durchaus auch ein Ansporn für ihn sein kann. Gemäß § 83 Abs. 1 BetrVG hat der Arbeitnehmer ein Einsichtsrecht in die über

ihn geführte Personalakte. Deshalb hat er auch die Möglichkeit zu überprüfen, ob durch Zeitablauf entwertete Abmahnungen entfernt wurden oder sich noch in der Akte befinden. Eine durch Zeitablauf entwertete Abmahnung (wenn sich also mittlerweile keine gleichgelagerten Vorfälle ereignet haben) ist auf Aufforderung durch den Arbeitnehmer zu entfernen. Dies gebietet das Persönlichkeitsrecht.

2 f. Grundsätzliches

Eine wichtige Bedeutung hat die Abmahnung im Kündigungsrecht. Da das Kündigungsrecht im Arbeitsrecht dem Grundsatz der Verhältnismäßigkeit unterliegt, kann die Kündigung eines Arbeitsverhältnisses stets nur das letzte Mittel (ultima ratio) zur Lösung eines Konflikts zwischen den Arbeitsvertragsparteien sein.
Kann der Arbeitgeber darlegen, dass er bereits ein- oder mehrmals ähnlich gelagerte Pflichtverstöße in der Vergangenheit abgemahnt hat, zeigt sich, dass die Abmahnungen nicht geeignet waren, den Arbeitnehmer zu einem vertragsgerechten Verhalten auf Dauer anzuhalten. Weitere Abmahnungen erscheinen damit sinnlos. Zudem zeigt der nach der letzten Abmahnung erneut eingetretene Pflichtverstoß: es muss mit weiteren Vertragsverstößen gerechnet werden. Damit liegt die bei einer Kündigung erforderliche negative Prognose vor.
Vor Aussprache einer Kündigung ist daher regelmäßig zu prüfen, ob und welche milderen Mittel zur Beilegung des Problems (meist: ein vertragsgerechtes Verhalten in Zukunft) in Betracht kommen. Aus diesem Grund ist vor einer Kündigung aus verhaltens- oder aus vom Willen beeinflussbaren personenbedingten Gründen in aller Regel zunächst eine Abmahnung auszusprechen, um dem Vertragspartner die Gelegenheit zu geben, die Leistungsmängel abzustellen oder sein Verhalten zu ändern. Auch vor dem Ausspruch einer fristlosen Kündigung ist zu prüfen, ob nicht eine Abmahnung ausgereicht hätte.
Da die Kündigung letztes Mittel (ultima ratio) ist und der Arbeitnehmer sein Verhalten beeinflussen kann, muss zunächst darauf aufmerksam gemacht werden, dass man sein Verhalten nicht akzeptieren will und es muss ihm die Möglichkeit gegeben werden, es zu ändern. Nur bei weiteren Vertragsverstößen (nach Abmahnung) wird man zu einer negativen Prognose kommen können. Dies gilt jedenfalls dann, wenn der Arbeitnehmer nicht davon ausgehen muss, dass der Arbeitgeber dieses Verhalten auf keinen Fall akzeptiert.

2 g. Wie oft muss vor der Kündigung abgemahnt werden?

Es ist nicht möglich, eine genaue Aussage darüber zu treffen, nach wie vielen Abmahnungen eine Kündigung ausgesprochen werden kann. Das geht schon deshalb nicht, weil die Vorfälle unterschiedlich schwer wiegen,
die Zeitabstände zwischen einzelnen Geschehnissen unterschiedlich sind,
die einzelnen Geschehnisse voneinander abweichen,

die Rahmenbedingungen, die zu den Vorfällen führten, verschieden sind, die Menschen unterschiedlich sind (manche können durch die Abmahnung an ihre Pflichten erinnert werden, manche reagieren eher mit einer Trotzreaktion, manche sind einfach nur vergesslich.

Grundsätzlich gilt: einer Abmahnung bedarf es nicht mehr, wenn sie den erstrebten Zweck (keine Vertragsverletzung) nicht mehr erreichen kann. Wiederholt der mehrfach Abgemahnte dennoch erneut die gerügte Schlechtleistung, ist eine erneute Abmahnung sinnlos, es kann eine Kündigung ausgesprochen werden.

Auf der anderen Seite ist natürlich erforderlich, dass der wiederholte Vertragsverstoß nicht als geringfügig anzusehen ist (z. B. das vierte Mal eine Minute zu spät) und denselben Unrechtsgehalt aufweist wie der Abmahnung zugrunde lag.

Liegen nur leichtere Verstöße gegen Verhaltens- oder Leistungspflichten vor (Verstöße gegen die Betriebsordnung, Nichtvorlage der ärztlichen Arbeitsunfähigkeitsbescheinigung etc.), bedarf es jedenfalls vor Ausspruch einer Kündigung mehrerer Abmahnungen.

Auf jeden Fall einer erneuten Abmahnung bedarf es auch im Wiederholungsfalle dann, wenn zwischen dem abgemahnten Verhalten und der Wiederholung eine längere Zeit unbeanstandeter Vertragserfüllung liegt. Denn in solchen Fällen wird die früher ausgesprochene Abmahnung je nach Zeitverlauf immer schwächer.

Praxistipp:

Vor dem Ausspruch einer verhaltensbedingten Kündigung sollte öfter abgemahnt werden. Allerdings ist zu beachten, dass nach der Rechtsprechung des BAG zahlreiche Abmahnungen wegen gleichartiger Pflichtverletzungen denen keine weiteren Konsequenzen folgen, die Warnfunktion der Abmahnungen schwächen können. Nach dieser Entscheidung muss der Arbeitgeber in solchen Fällen die letzte Abmahnung vor Ausspruch der Kündigung besonders eindringlich gestalten, um dem Arbeitnehmer klar zu machen, dass ein weiterer gleichgelagerter Pflichtverstoß nunmehr zu einer Kündigung führen wird.

2 h. Reaktionsmöglichkeiten des Arbeitnehmers

Die Abmahnung beeinträchtigt den Arbeitnehmer in seinem Persönlichkeitsrecht. Ihm steht das Recht zu, wie folgt auf eine Abmahnung zu reagieren:

Aufforderung an den Arbeitgeber, die Abmahnung aus der Personalakte zu entfernen,

Gegenvorstellung gemäß § 83 Abs. 1 BetrVG zu der Personalakte reichen,

Beschwerde beim Betriebsrat oder auch beim Arbeitgeber wegen ungerechter Behandlung nach §§ 84, 85 BetrVG,

gar nichts zu tun, aber später bei einem eventuellen Kündigungsschutzprozess vorzutragen, dass die (damalige) Abmahnung zu Unrecht erfolgt sei,

Klage auf Entfernung der Abmahnung aus der Personalakte.

Die Beendigung des Arbeitsverhältnisses

Das Arbeitsverhältnis kann durch unterschiedliche Tatbestände aufgelöst werden:

- Aufhebungsvertrag
- Befristungsablauf
- Kündigung

Ich möchte an dieser Stelle nur den Beendigungstatbestand der Kündigung näher beleuchten.

1 a. Kündigungserklärung

Die Kündigung ist eine einseitige, empfangsbedürftige Willenserklärung. Die Kündigungserklärung wird wirksam, wenn sie dem Vertragsgegner zugeht.

Nach § 623 BGB bedarf die Kündigung eines Arbeitsverhältnisses der Schriftform. Durch die elektronische Signatur kann die Schriftform nicht ersetzt werden. Die elektronische Form ist nach § 623 BGB für die Kündigung und den Auflösungsvertrag ausgeschlossen. Kündigungen, die nicht schriftlich erfolgen, sind unwirksam. Da nach § 623 BGB auch für die Beendigung des Arbeitsverhältnisses durch Auflösungsvertrag die Schriftform vorgeschrieben ist, kann eine mangels Schriftform unwirksame mündliche Kündigungserklärung auch nicht als Angebot auf Abschluss eines Aufhebungsvertrags angesehen werden, dem der Erklärungsempfänger der Kündigung zustimmen könnte.
Durch Tarifvertrag, Betriebsvereinbarung oder im Arbeitsvertrag kann festgelegt sein, dass eine Kündigung nur durch ein Einschreiben erfolgen kann. Diese Formvorschrift hat in der Regel den Zweck, die Beweisführung für die Kündigung zu erleichtern. Für die Wirksamkeit der Kündigung wird es deshalb regelmäßig ausreichen, wenn die Kündigung schriftlich erfolgt, auch wenn eine Kündigung durch Einschreiben vorgeschrieben ist.
Eine schriftliche Kündigung geht erst zu, wenn sie so in den Einflussbereich des Kündigungsempfängers gelangt ist, dass er unter normalen Verhältnissen von ihr Kenntnis nehmen kann. Bei Aushändigung eines Kündigungsschreibens (auch z. B. an den zuständigen Mitarbeiter der Personalabteilung) ist die Kündigung also mit der Übergabe zugegangen, bei Einwurf in den Briefkasten oder das Postfach in dem Moment, in dem der Briefkasten oder das Postfach üblicherweise geleert wird. Ein an die Heimatanschrift des Arbeitnehmers gerichtetes Kündigungsschreiben geht diesem grundsätzlich auch dann zu, wenn dem Arbeitgeber bekannt ist, dass der Arbeitnehmer während seines Urlaubs verreist. Einschreibebriefe gehen erst mit der Aushändigung durch die Post zu, also noch nicht, wenn ein Benachrichtigungsschein in den Briefkasten geworfen wird mit der Aufforderung, den Einschreibebrief beim Postamt abzuholen. Deshalb kann sich der Zugang der Kündigung durch Einschreiben erheblich verzögern. Verweigert ein als Empfangsbote anzusehender Familienangehöriger des abwesenden Arbeitnehmers die Annahme eines Kündigungsschreibens, so muss der

Arbeitnehmer die Kündigung nur dann als zugegangen gegen sich gelten lassen, wenn er auf die Annahmeverweigerung Einfluss genommen hat.

Eine besondere Annahme der Kündigung ist nicht erforderlich. Wer die Annahme der Kündigung ohne Grund verweigert, muss sich so behandeln lassen, als sei die Kündigung erklärt.
Ist der letzte Tag, an dem eine zu einem bestimmten Zeitpunkt gewollte Kündigung fristwahrend erklärt werden kann, ein Sonntag, ein staatlich anerkannter allgemeiner Feiertag oder ein Samstag, dann führt das nicht dazu, dass die Kündigung auch noch am folgenden Werktag wirksam erklärt werden kann. Der Kündigende muss also entweder den Zugang bereits am vorhergehenden Werktag bewirken oder - falls das nicht möglich ist - die Kündigung am Samstag, Sonntag oder Feiertag zugehen lassen, ggf. durch Boten.
Zwar kann eine zur Unzeit erklärte Kündigung unwirksam sein. Aber eine am Sonn- oder Feiertag zugestellte Kündigung ist grundsätzlich nicht allein deswegen als Kündigung zur Unzeit unwirksam. Es müssten dann noch weitere Umstände hinzukommen. Selbst eine Kündigung am Heiligen Abend erfolgt nicht allein deshalb zur Unzeit; dies wäre nur etwa dann der Fall, wenn der Erklärende absichtlich oder aufgrund einer auf Missachtung der persönlichen Belange des Empfängers beruhenden Gedankenlosigkeit einen Zugangszeitpunkt wählt, der den Empfänger besonders beeinträchtigt.
Eine Kündigung kann dem Arbeitnehmer auch wirksam zugehen, während er arbeitsunfähig erkrankt ist.
Die Kündigung kann zu jeder passenden Zeit und an jedem passenden Ort erklärt werden, auch außerhalb des Betriebs, auch bereits vor Antritt der Arbeit. Die Kündigungsfrist läuft allerdings erst ab vereinbartem Vertragsbeginn, wenn eine gewisse Mindestbeschäftigung gewollt ist.

1 b. Inhalt der Kündigung

Die Kündigung muss **eindeutig** und **bestimmt** auf die Beendigung des Arbeitsverhältnisses gerichtet sein. Das Wort "kündigen" braucht aber nicht ausdrücklich erwähnt zu werden. Der Zeitpunkt, zu dem das Arbeitsverhältnis endigen soll, muss eindeutig angegeben sein. Das Arbeitsverhältnis kann grundsätzlich **nur als Ganzes** aufgekündigt werden; eine **Teilkündigung** ist unwirksam. Will der Arbeitgeber oder Arbeitnehmer nur einzelne Arbeitsbedingungen ändern, so bedarf es einer Änderungskündigung.
Mitwirkung des Betriebsrats
Der Betriebsrat ist nach § 102 BetrVG vor jeder Kündigung zu hören. Der Arbeitgeber hat ihm die Gründe für die Kündigung mitzuteilen, und zwar bei betriebsbedingter Kündigung einschließlich der Gründe, die zu der sozialen Auswahl nach § 1 Abs. 3 KSchG geführt haben. Eine ohne die Anhörung des Betriebsrats ausgesprochene Kündigung ist unwirksam (§ 102 Abs. 1 BetrVG). Dies gilt sowohl für ordentliche wie für außerordentliche Kündigungen. Eine Zustimmung des Betriebsrats zur Kündigung ist allerdings nicht erforderlich. Auch wenn der Betriebsrat Bedenken erhebt oder der Kündigung widerspricht, kann die Kündigung ausgesprochen werden. Hat der Betriebsrat gegen eine ordentliche Kündigung Bedenken, so hat er diese unter Angabe der Gründe dem Arbeitgeber spätestens innerhalb einer Woche mitzuteilen, anderenfalls gilt seine Zustimmung als erteilt. Der Betriebsrat kann der ordentlichen Kündigung außerdem nach § 102

Abs. 2 BetrVG bei Vorliegen folgender Gründe innerhalb einer Woche widersprechen:
Der Arbeitgeber hat bei der Auswahl des zu kündigenden Arbeitnehmers die vier sozialen Grunddaten Betriebszugehörigkeit, Lebensalter, Unterhaltspflichten und Schwerbehinderung nicht oder nicht ausreichend berücksichtigt.
Die Kündigung verstößt gegen Auswahlrichtlinien nach § 95 BetrVG über die personelle Auswahl bei Kündigungen.
Der zu kündigende Arbeitnehmer kann an einem anderen Arbeitsplatz im selben Betrieb oder in einem anderen Betrieb des Unternehmens weiterbeschäftigt werden.
Die Weiterbeschäftigung des Arbeitnehmers ist nach zumutbaren Umschulungs- und Fortbildungsmaßnahmen möglich.
Eine Weiterbeschäftigung des Arbeitnehmers unter geänderten Vertragsbedingungen ist möglich, und der Arbeitnehmer hat sein Einverständnis hiermit erklärt.
Kündigt der Arbeitgeber trotz des Widerspruchs des Betriebsrats aus einem der vorgenannten fünf Gründe, so hat er dem Arbeitnehmer mit der Kündigung eine Abschrift der Stellungnahme des Betriebsrats zuzuleiten. Bei frist- und ordnungsgemäßem Widerspruch des Betriebsrats und Erhebung der Kündigungsschutzklage durch den Arbeitnehmer ist dieser auf sein Verlangen bis zum rechtskräftigen Abschluss des Kündigungsschutzverfahrens bei unveränderten Arbeitsbedingungen weiterzubeschäftigen, sofern nicht das Arbeitsgericht den Arbeitgeber auf seinen Antrag von dieser Verpflichtung entbindet, weil die Kündigungsschutzklage ohne hinreichende Aussicht auf Erfolg ist oder mutwillig erscheint oder die Weiterbeschäftigung des Arbeitnehmers zu einer unzumutbaren wirtschaftlichen Belastung des Arbeitgebers führen würde oder der Widerspruch des Betriebsrats offensichtlich unbegründet war(§ 102 Abs.5 BetrVG).
Hat der Betriebsrat gegen eine außerordentliche Kündigung Bedenken, so hat er diese Bedenken unter Angabe der Gründe dem Arbeitgeber unverzüglich, also ohne schuldhaftes Zögern, spätestens jedoch innerhalb von drei Tagen, schriftlich mitzuteilen

1 c. Information und Freistellung zur frühzeitigen Arbeitsuchendmeldung

Der Arbeitgeber hat den Arbeitnehmer vor der Beendigung des Arbeitsverhältnisses frühzeitig über die Notwendigkeit eigener Aktivitäten bei der Suche nach einer anderen Beschäftigung zu informieren sowie darüber, dass sich dieser innerhalb der gesetzlichen Fristen persönlich bei der zuständigen Agentur für Arbeit als arbeitsuchend zu melden hat, und ihn hierzu freizustellen. Der Arbeitnehmer ist seit dem 1.7.2003 seinerseits, unabhängig davon, ob er durch den Arbeitgeber hierüber informiert wurde, gegenüber der Agentur für Arbeit verpflichtet, sich spätestens drei Monate vor dem Ende des Arbeitsverhältnisses als arbeitsuchend zu melden. Liegen zwischen der Kenntnis des Beendigungszeitpunkts und der Beendigung weniger als drei Monate, hat die Meldung innerhalb von drei Tagen nach Kenntnis des Beendigungszeitpunkts zu erfolgen. Eine verspätete Meldung als arbeitsuchend führt unabhängig davon, ob der Arbeitgeber hierüber informiert hat, zu einer einwöchigen Sperrzeit. Verletzt der Arbeitgeber seine Hinweispflicht, begründet dies keinen Schadensersatzanspruch des Arbeitnehmers.

1 d. Angabe des Kündigungsgrundes

Die Angabe des Kündigungsgrundes ist für die Wirksamkeit einer ordentlichen Kündigung grundsätzlich nicht erforderlich. Im Arbeitsvertrag, im Tarifvertrag oder in einer Betriebsvereinbarung kann jedoch festgelegt sein, dass bei einer Kündigung der Kündigungsgrund angegeben werden muss. Dies kann zur Folge haben, insbesondere wenn die Regelung zur Angabe des Kündigungsgrundes den gesetzlichen Regelungen in nachempfunden ist, dass eine Kündigung ohne Angabe des Kündigungsgrundes oder ohne hinreichend konkrete Angabe des Kündigungsgrundes nichtig ist. Wenn der Kündigungsgrund aufgrund einer besonderen Bestimmung anzugeben ist, müssen die Kündigungsgründe so genau bezeichnet werden, dass der Kündigungsempfänger genügend klar erkennen kann, was gemeint ist und was ihm - bei einer verhaltensbedingten Kündigung - zur Last gelegt wird. Die bloße Bezugnahme auf ein Gespräch, in dem die Kündigungsgründe mündlich erläutert wurden, reicht nicht aus. Auch die Bezeichnung als "betriebsbedingt" ist dann nicht ausreichend konkret.

1 f. Kündigung durch Vertreter

Die Kündigung kann durch den Arbeitgeber selbst oder durch einen von ihm bevollmächtigten Vertreter erfolgen. Unterzeichnet ein Vertreter des Arbeitgebers das Kündigungsschreiben, muss in diesem ein Zusatz auf das Vertretungsverhältnis hinweisen. Zudem muss dem Kündigungsschreiben grundsätzlich eine original unterschriebene Vollmacht des Arbeitgebers beigefügt werden. Geschieht dies nicht, kann der Gekündigte nach § 174 Satz 1 BGB die Kündigung unverzüglich - dies bedeutet nicht sofort, eine gewisse Zeit zur Überlegung und zur Einholung eines Rechtsrats (ca. eine Woche) wird zugelassen - mangels Vorlage einer Vollmacht zurückweisen. Dies erfordert natürlich für den Fall, dass ein Vertreter des Arbeitnehmers die Kündigung zurückweist (z. B. Rechtsanwalt), wiederum die Vorlage einer Originalvollmacht des Vertretenen. Die Kündigung ist bei ordnungsgemäßer Zurückweisung unwirksam und muss gegebenenfalls wiederholt werden. Nach § 174 Abs. 2 BGB ist die Zurückweisung der Kündigung jedoch ausgeschlossen, wenn der Vollmachtgeber den anderen von der Bevollmächtigung in Kenntnis gesetzt hat. Dies ist beispielsweise der Fall, wenn der Arbeitgeber dem Arbeitnehmer mitgeteilt hat, ein bestimmter Vorgesetzter dürfe eine Kündigung aussprechen. Dies kann sich auch aus den Umständen ergeben. Es gibt aber keinen Erfahrungssatz, dass die Befugnis zur Einstellung auch die Befugnis zur Entlassung mit umfasst.

Mit der Bestellung eines Personalleiters hat der Arbeitgeber aber nach außen sichtbar die Bevollmächtigung zur Kündigung verknüpft. Die Kündigung durch den Leiter der Personalabteilung bedarf deshalb nicht der Vorlage einer schriftlichen Vollmacht. Dies gilt auch dann, wenn der Personalleiter im Innenverhältnis, z. B. aufgrund einer internen Geschäftsordnung, bei der Ausübung der Kündigungsbefugnis beschränkt ist. Ein Sachbearbeiter der Personalabteilung muss jedoch grundsätzlich eine Vollmachtsurkunde vorlegen bzw. der Kündigung beifügen. Ein Prokurist mit entsprechender Prokura muss keine Vollmacht vorlegen, weil diese aus dem Handelsregister ersichtlich ist.

1 g. Grundsätzliches

Die Kündigungserklärung wird erst wirksam, wenn sie dem Kündigungsempfänger zugeht. Beim Zugang unterscheidet das Gesetz, ob die Kündigung einem Anwesenden oder einem Abwesenden erklärt werden soll. Einem Anwesenden geht die Kündigung mit der Übergabe des Kündigungsschreibens zu.
Einem Abwesenden ist die Kündigungserklärung zugegangen, wenn sie so in dessen Machtbereich gelangt, dass unter üblichen Verhältnissen damit zu rechnen ist, dass er von der Kündigungserklärung Kenntnis nehmen konnte. Ein in den Briefkasten geworfenes Kündigungsschreiben geht danach in dem Zeitpunkt zu, in dem der Briefkasten üblicherweise geleert wird. Lehnt ein als Empfangsbote anzusehendes Familienmitglied die Annahme eines Kündigungsschreibens ab, ist die Kündigung nicht zugegangen, es sei denn, die Annahmeverweigerung wurde von dem zu Kündigenden veranlasst.
Ein Übergabe-Einschreibebrief geht zu, wenn er vom Postbediensteten ausgehändigt wird. Trifft der Postbeamte niemanden an, hinterlässt er lediglich den Benachrichtigungsschein, nicht aber das Kündigungsschreiben im Briefkasten. Die Zustellung der Kündigung erfolgt dann erst, wenn das Einschreiben bei der Post abgeholt wird. Dadurch kann sich beim Übergabe-Einschreiben der Zugang des Kündigungsschreibens und folglich auch das Wirksamwerden der Kündigung erheblich verzögern. Beim Einwurf-Einschreiben wird das Schreiben vom Postbediensteten in den Briefkasten des Empfängers eingeworfen und geht damit zu. Der Zugang des Kündigungsschreibens kann dadurch belegt werden, dass bei der Post ein Auslieferungsbeleg angefordert wird. Dies wird elektronisch erstellt und dem Anforderer übersandt. Wird der Zugang des Kündigungsschreibens trotz des Belegs bestritten, reicht allerdings dieser allein vor Gericht als Nachweis des Zugangs deshalb nicht aus, weil die Zivilprozessordnung für den so genannten Urkundsbeweis durch Privaturkunden - die Post gehört nicht mehr zum öffentlichen Dienst - eine eigenhändige Unterschrift verlangt (§ 416 ZPO).
Mit der Zustellung der Kündigung kann auch der Gerichtsvollzieher beauftragt werden (§ 132 BGB). Dieses Verfahren ist wenig bekannt und gegenüber dem Übergabe-Einschreiben auch umständlich. Zudem kann nach genannter Vorschrift bei unbekanntem Aufenthaltsort des Arbeitnehmers beim Amtsgericht die öffentliche Zustellung beantragt werden. Möglich ist aber auch, das Kündigungsschreiben per Boten überbringen zu lassen. Das geschieht in der Praxis häufig. Um spätere Beweisprobleme zu beseitigen, sollte dem Boten ein auszufüllendes Formblatt mitgegeben werden, worin dieser Datum, Uhrzeit, Ort und Art der Zustellung (z. B. Einwurf in Briefkasten) vermerkt und durch seine Unterschrift bestätigt. Sinnvoll ist es, dem Boten das Kündigungsschreiben in einem unverschlossenen Kuvert mitzugeben, damit sich dieser vor Ort davon überzeugen kann, dass er tatsächlich das Kündigungsschreiben zustellt und dieses im Original unterschrieben ist. Auch das sollte der Bote im Formblatt vermerken. Stattdessen oder zusätzlich kann auch eine zweite Person dabei sein, die die Übergabe des Schreibens in einem Prozess bezeugt.
Bei **Urlaubsabwesenheit** des Arbeitnehmers kann ein an die Heimatanschrift gerichtetes Kündigungsschreiben grundsätzlich auch dann zugehen, wenn der Arbeitgeber Kenntnis von einer Ortsabwesenheit des Arbeitnehmers hat. Dies gilt in aller Regel selbst dann, wenn der Arbeitnehmer seine Urlaubsanschrift dem Arbeitgeber mitgeteilt hat. Lediglich bei besonderen Umständen des Einzelfalls kann sich aus dem Grundsatz von Treu und Glauben etwas anderes ergeben. Eine

vom Arbeitnehmer wegen der Urlaubsabwesenheit erst nach Ablauf der 3-Wochen-Frist erhobene Kündigungsschutzklage ist jedoch grundsätzlich gem. § 5 KSchG vom Arbeitsgericht nachträglich zugelassen, wenn der Arbeitnehmer dies rechtzeitig (gem. § 5 Abs. 3 Satz 1 KSchG innerhalb von zwei Wochen nach seiner Rückkunft) beantragt.
Besondere Probleme des Zugangs können sich ergeben, wenn der Kündigungsempfänger der deutschen Sprache nicht mächtig ist. In diesen Fällen muss dem Empfänger unter Umständen Zeit eingeräumt werden, um die Kündigung übersetzen zu lassen.
Ist dem Arbeitgeber bekannt, dass der Arbeitnehmer kein Deutsch versteht, empfiehlt es sich, die Kündigung in einer Übersetzung zu übergeben, insbesondere wenn sonst die Wahrung von Kündigungsfristen problematisch ist.

1 h. Zugangsvereitelung

Vereitelt ein Kündigungsempfänger wider Treu und Glauben den Zugang einer Kündigung, muss er sich nach § 162 BGB so behandeln lassen, als sei ihm das Kündigungsschreiben zugegangen.

1 i. Kündigungsfrist

Bei einer ordentlichen Kündigung muss die maßgebliche Kündigungsfrist eingehalten werden. Wird die Kündigungsfrist nicht eingehalten, ist jedoch deshalb die Kündigung nicht unwirksam, sondern greift erst zum nächst zulässigen Termin.
Die maßgebliche Kündigungsfrist ergibt sich aus einem geltenden Tarifvertrag, dem Arbeitsvertrag oder aus dem Gesetz. Dabei ist von der im Vertrag vereinbarten Kündigungsfrist auszugehen, wenn diese vertragliche Kündigungsfrist nicht gegen eine maßgebliche (aufgrund beidseitiger Tarifgebundenheit oder Allgemeinverbindlichkeit geltende tarifliche Kündigungsfrist, welche der gesetzlichen Regelung vorgeht oder gegen die gesetzliche Mindestkündigungsfrist verstößt.

Praxis-Beispiel
Ein Arbeitnehmer ist seit dem 1. Januar 1994 bei seinem Arbeitgeber beschäftigt. Am 30. November 2005 kündigt ihm sein Arbeitgeber zum 31. März 2006. Die Kündigung geht noch am gleichen Tag zu. Die gesetzliche Kündigungsfrist von vier Monaten zum Monatsende bei einer Beschäftigungsdauer von mehr als zehn, aber noch nicht zwölf Jahren ist eingehalten.
Zu berücksichtigen ist, dass nach § 622 Abs. 2 Satz 2 BGB Beschäftigungszeiten vor dem 25. Lebensjahr bei der Berechnung der Dauer der Betriebszugehörigkeit nicht mitzählen.
Praxis-Beispiel
Der am 10. Mai 1976 geborene Arbeitnehmer ist seit dem 1. Januar 1995 bei seinem Arbeitgeber beschäftigt. Am 28. November 2005 wird ihm zum 31. Dezember 2005 gekündigt. Die gesetzliche Kündigungsfrist ist eingehalten. Es zählen nur die vier Beschäftigungsjahre ab dem 10. Mai 2001. Bei einer zu berücksichtigenden Beschäftigungsdauer von zwei oder mehr Jahren und noch nicht fünf Jahren beträgt die Kündigungsfrist einen Monat zum Monatsende.

Zu beachten ist, dass diese verlängerte gesetzliche Mindestkündigungsfrist nur für Kündigungen gilt, die der Arbeitgeber ausspricht. Der Arbeitnehmer kann das Arbeitsverhältnis, wenn im Arbeitsvertrag oder in einem maßgeblichen Tarifvertrag nichts anderes vereinbart ist, nach § 622 Abs. 1 BGB mit der Grundkündigungsfrist von vier Wochen zum Monatsende oder zum 15. eines Kalendermonats kündigen.

Praxis-Beispiel
Der seit dem 1. Januar 1987 bei seinem Arbeitgeber beschäftigte Arbeitnehmer kann sein Arbeitsverhältnis am 2. Dezember 2005 zum 31. Dezember 2005 kündigen.

Kündigungsfrist während der Probezeit

Während einer Probezeit, die nicht länger als sechs Monate andauern darf, verkürzt sich die gesetzliche Mindestkündigungsfrist nach § 622 Abs. 3 BGB auf zwei Wochen. Dabei kommt es allein darauf an, dass die Kündigung während der Probezeit zugeht. Der eigentliche Beendigungszeitpunkt kann auch außerhalb der Probezeit liegen. Damit kann im Extremfall noch am letzten Tag der Probezeit gekündigt werden.

Praxis-Beispiel
In einem Arbeitsvertrag, der am 1. Juli 2005 beginnt, ist eine Probezeit von sechs Monaten vereinbart. Regelungen über die Dauer der Kündigungsfrist sind im Arbeitsvertrag nicht enthalten.

Bis zum 31. Dezember 2005 kann das Arbeitsverhältnis mit einer Frist von zwei Wochen ohne Bindung an einen bestimmten Kündigungstermin gekündigt werden. Ab dem 1. Januar 2006 verlängert sich die Kündigungsfrist auf vier Wochen zum Monatsende oder zum 15. eines Kalendermonats. Eine am 2. Januar 2006 ausgesprochene Kündigung wird deshalb, sofern sie nicht an Kündigungsschutzvorschriften scheitert, zum 31. Januar 2006 wirksam.

Zu beachten ist, dass die gesetzliche Kündigungsfrist von zwei Wochen während der Probezeit nicht vertraglich festgehalten werden muss. Ausreichend ist es, wenn eine Probezeit vereinbart wird oder wenn sich ein Probearbeitsverhältnis aus einer maßgeblichen tariflichen Regelung ergibt. Das Probearbeitsverhältnis hat dann zur Folge, dass die Kündigungsfrist sich nach § 622 Abs. 3 BGB auf zwei Wochen bzw. auf die tariflich für die Probezeit geltende Kündigungsfrist verkürzt. Dies gilt allerdings dann nicht, wenn im Arbeitsvertrag eine verlängerte Kündigungsfrist vereinbart wird. Maßgeblich ist dann die vertraglich vereinbarte Kündigungsfrist.

Praxis-Beispiel
In einem Arbeitsvertrag, der ab 1. Juli 2005 gilt, wird eine Probezeit von sechs Monaten vereinbart. Zur Kündigungsfrist gilt folgende Regelung:

Während der Probezeit beträgt die Kündigungsfrist drei Monate zum Monatsende, danach sechs Monate zum Quartalsende. Für eine Kündigung während der Probezeit gilt die vertraglich vereinbarte Frist von drei Monaten zum Monatsende, nicht die gesetzliche Mindestkündigungsfrist von zwei Wochen.

Aushilfsarbeitsverhältnis

Bei Arbeitnehmern, die vorübergehend zur Aushilfe eingestellt werden, gilt die Sonderregelung nach § 622 Abs. 5 Ziff. 1 BGB. Mit diesen Aushilfsarbeitnehmern können für die ersten drei Monate des Arbeitsverhältnisses Kündigungsfristen vereinbart werden, die die Mindestkündigungsfrist von zwei Wochen während der Probezeit unterschreiten. Vereinbart werden kann beispielsweise eine

Kündigungsfrist von einer Woche, möglich ist jedoch auch eine Kündigungsfrist von einem Tag.
Voraussetzung für die Befugnis, eine kürzere Frist als zwei Wochen im Arbeitsvertrag vereinbaren zu können, ist jedoch, dass es sich bei dem Beschäftigungsverhältnis um ein vorübergehendes Aushilfsarbeitsverhältnis handelt. Eine vorübergehende Aushilfe liegt dann vor, wenn mit der Einstellung des Arbeitsverhältnisses ein nicht dauerhafter Mehrbedarf an Arbeitskräften gedeckt werden soll. Ein solcher vorübergehender Mehrbedarf kann durch den Ausfall von regulären Arbeitskräften durch Krankheit oder Urlaub entstehen oder bei einem kurzfristigen zusätzlichen Beschäftigungsbedarf auftreten, beispielsweise bei Ernteeinsatz in der Landwirtschaft oder im Einzelhandel vor Weihnachten.
Verlängert sich das Aushilfsarbeitsverhältnis über die Dauer von drei Monaten, wird die vereinbarte verkürzte Kündigungsfrist unwirksam. Wirksam wird dann die normale Mindestkündigungsfrist von zwei Wochen, wenn noch eine Probezeit besteht, ansonsten die Grundkündigungsfrist von vier Wochen zum Monatsende oder zum 15. eines Monats.
Kleinunternehmensregelung
In Kleinunternehmen kann nach § 622 Abs. 5 Satz 1 Nr. 2 BGB abweichend von der Grundkündigungsfrist von einem Monat zum Monatsende oder zum 15. eines Monats eine Kündigungsfrist von vier Wochen ohne Bindung an einen bestimmten Endtermin vereinbart werden.

1j. Arbeitsvertragliche Kündigungsfristen

Im Arbeitsvertrag können nach § 622 Abs. 5 Satz 2 BGB längere als die gesetzlichen Kündigungsfristen vereinbart werden. Maßgeblich ist dann die im Arbeitsvertrag enthaltene Kündigungsfrist. Allerdings darf für die Kündigung des Arbeitsverhältnisses durch den Arbeitnehmer keine längere Frist vereinbart werden als für die Kündigung durch den Arbeitgeber.
Eine Verkürzung der gesetzlichen Kündigungsfrist ist im Arbeitsvertrag, von den oben dargelegten Sonderregelungen für Aushilfsarbeitsverhältnisse und für Kleinunternehmen abgesehen, nicht möglich. Eine vertragliche Vereinbarung, mit der die Grundkündigungsfrist von vier Wochen zum Monatsende oder zum 15. eines Monats oder die Zweiwochenfrist während der Probezeit verkürzt wird, ist damit unwirksam. Stattdessen gilt die gesetzliche Regelung. Auch die für den Arbeitgeber geltenden verlängerten Kündigungsfristen können nicht mit einer Regelung im Arbeitsvertrag verkürzt werden. Anstelle der vertraglich vereinbarten Kündigungsfrist gilt in einem solchen Fall die längere gesetzliche Kündigungsfrist.

1k. Die Kündigungsgründe

Die ordentliche Kündigung eines Arbeitsverhältnisses bedarf nur dann eines Kündigungsgrunds, wenn Kündigungsschutz besteht. Der so genannte allgemeine Kündigungsschutz ist im Kündigungsschutzgesetz geregelt. Nach § 1 dieses Gesetzes ist eine Kündigung nur wirksam, wenn sie sozial gerechtfertigt ist, d. h. jede Kündigung bedarf eines Kündigungsgrunds.
Voraussetzung für die Anwendung des Kündigungsschutzgesetzes ist nach § 1 Abs. 1 KSchG zunächst einmal, dass das Arbeitsverhältnis ohne Unterbrechung länger als sechs Monate bestanden hat (gesetzliche Regelwartezeit). Dabei

bleiben jedoch kurzfristige Unterbrechungen (z. B. vier Wochen), insbesondere auf Veranlassung des Arbeitgebers, unberücksichtigt.
Nach dem Koalitionsvertrag vom 11.11.2005 ist beabsichtigt, § 1 Abs. 1 KSchG dahin zu ändern, dass dem Arbeitgeber ermöglicht werden soll, einvernehmlich mit dem Arbeitnehmer bei Neueinstellung diese gesetzliche Regelwartezeit auf bis zu 24 Monate zu verlängern. Die Verlängerungsmöglichkeit der Wartefrist soll sogar zulässig sein, "bei einer erneuten Einstellung bei dem selben Arbeitgeber, wenn seit dem Ende des vorhergehenden Arbeitsvertrags mindestens 6 Monate vergangen sind". Im Gegenzug soll die sachgrundlose Befristungsmöglichkeit des § 14 Abs. 2 TzBfG abgeschafft werden.
Wird die Option zur Verlängerung der gesetzlichen Regelwartezeit Gesetz, kann der Arbeitgeber innerhalb dieser Wartezeit das Arbeitsverhältnis kündigen, ohne dass die Kündigung nach § 1 KSchG auf ihre soziale Rechtfertigung (betriebsbedingt, personenbedingt, verhaltensbedingt) durch das Arbeitsgericht überprüfbar wäre. Allerdings wird dadurch der Sonderkündigungsschutz, aber auch sonstige außerhalb des KSchG stehende Kündigungsschutzvorschriften sowie das Erfordernis der Betriebsratsanhörung vor Ausspruch einer Kündigung nach § 102 BetrVG nicht berührt. Zu beachten ist, dass durch eine solche Verlängerung der Wartezeit auf bis zu 24 Monate die Regelung in § 622 Abs. 3 BGB, wonach eine vereinbarte Probezeit nicht länger als sechs Monate dauern darf, ebenfalls unberührt bleibt. Das bedeutet, dass die Neuregelung keinen Einfluss auf die Kündigungsfristen haben wird.
Arbeitnehmer, deren Arbeitsverhältnis am 31.12.2003 in einem Betrieb mit mehr als fünf Arbeitnehmern bestand, genießen den Schutz des Kündigungsschutzgesetzes grundsätzlich, solange sie in dem betreffenden Unternehmen beschäftigt sind (vgl. "Allgemeiner Kündigungsschutz"). Außer dem allgemeinen Kündigungsschutz gibt es für besondere Personengruppen spezielle Kündigungsschutzvorschriften, die besondere Kündigungsgründe erfordern. Besondere Kündigungsschutzbestimmungen gelten insbesondere nach dem Mutterschutzgesetz und nach dem Bundeserziehungsgeldgesetz sowie für schwerbehinderte Arbeitnehmer oder die ihnen Gleichgestellten nach dem SGB IX. Außerdem gibt es einen besonderen Kündigungsschutz für Betriebsratsmitglieder, für Wehrpflichtige und Zivildienstleistende sowie für Abgeordnete, vgl. "Besonderer Kündigungsschutz".
Außer diesem gesetzlich geregelten allgemeinen oder besonderen Kündigungsschutz kann sich auch aus arbeits- oder tarifvertraglichen Bestimmungen ein Kündigungsschutz ergeben, der dazu führt, dass Kündigungen nur aus besonderen Gründen möglich sind.
So ist in manchen Tarifverträgen als Rationalisierungsschutz oder als Schutz für ältere Arbeitnehmer geregelt, dass Arbeitnehmer unter gewissen Voraussetzungen (z. B. 20 Jahre Betriebszugehörigkeit, Lebensalter von 50 Jahren) nicht ordentlich gekündigt werden darf. Bei Geltung eines derartigen Tarifvertrags für das Arbeitsverhältnis ist eine ordentliche Kündigung ausgeschlossen. Eine Kündigung ist nur möglich, wenn außerordentliche Gründe gem. § 626 BGB zur Beendigung des Arbeitsverhältnisses vorliegen. Ein wichtiger Grund zur außerordentlichen Kündigung nach § 626 BGB ist gegeben, wenn Tatsachen vorliegen, aufgrund derer dem Kündigenden unter Berücksichtigung aller Umstände des Einzelfalls und unter Abwägung der Interessen beider Vertragsteilnehmer die Fortsetzung des Arbeitsverhältnisses bis zum Ablauf der Kündigungsfrist oder bis zur vereinbarten Beendigung des Arbeitsverhältnisses nicht zugemutet werden kann. Ist aufgrund einer tarifvertraglichen Regelung eine

ordentliche Kündigung ausgeschlossen, kann die dadurch bedingte langfristige Vertragsbindung dazu führen, dass besondere Umstände, die ohne die langfristige Bindung nur eine ordentliche Kündigung rechtfertigen würden, eine außerordentliche Kündigung begründen können. So ist bei tarifvertraglichem Ausschluss einer ordentlichen Kündigung eine Betriebsstilllegung geeignet, eine außerordentliche Kündigung zu rechtfertigen. Dabei ist allerdings als sog. soziale Auslauffrist die Frist einzuhalten, die gelten würde, wenn die ordentliche Kündigungsfrist nicht ausgeschlossen wäre. In Ausnahmefällen kann bei Ausschluss der ordentlichen Kündigung auch bei langandauernder Erkrankung oder bei häufigen Kurzerkrankungen eine außerordentliche Kündigung berechtigt sein. Maßgeblich ist insbesondere, ob das Arbeitsverhältnis seinen wirtschaftlichen Sinn verliert, wenn der Arbeitgeber gezwungen wäre, das verlustbringende Arbeitsverhältnis bis zum Erreichen der Altersgrenze des Arbeitnehmers fortzusetzen. Auch unter Berücksichtigung des durch den Ausschluss der ordentlichen Kündigung angezeigten besonders strengen Maßstabs kann es dem Arbeitgeber unzumutbar werden, ein Arbeitsverhältnis fortzusetzen, das wegen der häufigen Erkrankung des Arbeitnehmers nicht mehr auf den gegenseitigen Austausch von Leistungen (Arbeitsleistung und Arbeitsvergütung) gerichtet ist und dadurch sinnentleert wird. Dies gilt insbesondere, wenn dem Arbeitnehmer bei der außerordentlichen Kündigung wegen Krankheit eine der ordentlichen Kündigung entsprechende Auslauffrist zugebilligt wird. Bei feststehender dauernder krankheitsbedingter Arbeitsunfähigkeit ist die außerordentliche Kündigung auch bei einem ordentlich unkündbaren Arbeitsverhältnis gerechtfertigt. In diesem Fall steht fest, dass der Zweck des Arbeitsverhältnisses, der gegenseitige Austausch von Arbeitsleistung und Arbeitsvergütung, nicht mehr erreicht werden kann. Die Fortsetzung des Arbeitsverhältnisses ist in diesem Fall nicht mehr zumutbar.

Außer in tarifvertraglichen Regelungen können sich Kündigungsbeschränkungen im Arbeitsvertrag ergeben. So kann im Arbeitsvertrag außer einer von der gesetzlichen Regelung abweichenden Kündigungsfrist auch ein Kündigungsschutz vereinbart werden, der nach der gesetzlichen Regelung nicht vorgeschrieben wäre (z. B. der Ausschluss der ordentlichen Kündigung).

Fehlt eine arbeitsvertragliche oder eine tarifvertragliche Kündigungsschutzregelung und liegen die gesetzlichen Voraussetzungen für den allgemeinen oder den besonderen Kündigungsschutz nicht vor, bedarf die ordentliche Kündigung des Arbeitsverhältnisses keines Kündigungsgrunds. Eine Kündigung wird in diesem Fall unter Einhaltung der ordentlichen Kündigungsfrist auch dann wirksam, wenn keine dringenden betrieblichen, personenbedingten oder verhaltensbedingten Kündigungsgründe vorliegen. Die Kündigung ist auch dann gerechtfertigt, wenn der Arbeitgeber sich über ein berechtigtes Verhalten des Arbeitnehmers geärgert hat und deshalb mit dem Arbeitnehmer nicht weiter zusammenarbeiten will. Die Kündigung darf allerdings nicht gegen Treu und Glauben verstoßen, sittenwidrig oder treuwidrig sein und nicht wegen eines Betriebsübergangs erfolgen. Zu beachten ist auch der verfassungsrechtliche Mindestkündigungsschutz, der die Kündigungsfreiheit im Falle einer aus willkürlichen oder sachfremden Motiven ausgesprochenen Kündigung einschränkt. Dieser gebietet auch eine soziale Rücksichtnahme im Rahmen einer zu treffenden Auswahlentscheidung. Die Kündigung ist außerhalb des gesetzlichen Kündigungsrechts ferner dann unwirksam, wenn sie sittenwidrig ist oder aus Anlass eines Betriebsübergangs erfolgt.

Verschiedene Arten der Kündigung:

1. Die außerordentliche Kündigung

Die außerordentliche Kündigung führt zur Beendigung des Arbeitsverhältnisses ohne Bindung an eine Kündigungsfrist. In der Praxis wird eine außerordentliche Kündigung meist als fristlose Kündigung ausgesprochen. Voraussetzung für eine wirksame außerordentliche Kündigung ist das Vorliegen eines **wichtigen Grundes**, der zur Kündigung ohne Einhaltung der Kündigungsfrist berechtigt sowie die Einhaltung der zweiwöchigen Frist ab Kenntnis des Kündigungsgrundes.

Nach § 626 Abs. 1 BGB kann das Arbeitsverhältnis aus wichtigem Grund ohne Einhaltung einer Kündigungsfrist gekündigt werden, wenn Tatsachen vorliegen, aufgrund derer dem Kündigenden unter **Berücksichtigung aller Umstände** des Einzelfalles und unter **Abwägung der Interessen** beider Vertragsteile die Fortsetzung des Arbeitsverhältnisses bis zum Ablauf der Kündigungsfrist oder bis zum vereinbarten Beendigungstermin nicht mehr **zugemutet** werden kann.
Die außerordentliche Kündigung aus wichtigem Grund führt zur Beendigung des Arbeitsverhältnisses **ohne Bindung an die Kündigungsfrist**.
In der Praxis wird die außerordentliche Kündigung meist als fristlose Kündigung ausgesprochen. Die außerordentliche Kündigung ist jedoch nicht notwendigerweise eine fristlose Kündigung. Sie kann, unter Umständen muss sie sogar mit einer sozialen Auslauffrist ausgesprochen werden. Es ist allerdings problematisch, ohne besonderen Grund eine soziale Auslauffrist zu gewähren. Die Unzumutbarkeit der Fortsetzung des Arbeitsverhältnisses bis zum Ablauf der ordentlichen Kündigungsfrist ist dann vor den Arbeitsgerichten schwierig darzulegen.
Das Recht zur außerordentlichen Kündigung besteht sowohl bei unbefristeten als auch bei befristeten Dienst- oder Arbeitsverhältnissen einschließlich der befristeten (Probe-)Arbeitsverhältnisse. Das Recht zur außerordentlichen Kündigung kann von keinem der beiden Arbeitsvertragsparteien vertraglich ausgeschlossen werden.
Auch bei einer Anstellung auf lange Dauer oder auf Lebenszeit besteht das Recht zur außerordentlichen Kündigung. Es kann weder beim Abschluss des Arbeitsvertrags noch während der Dauer des Arbeitsverhältnisses durch den Arbeitsvertrag, durch einen Tarifvertrag oder durch eine Betriebsvereinbarung ausgeschlossen werden. Auch eine Beschränkung dieses Rechts auf bestimmte Gründe wäre nur ein Hinweis darauf, welche Gründe die Vertragsparteien als besonders gewichtig ansehen, eine Beschränkung des außerordentlichen Kündigungsrechts auf die von den Vertragsparteien vereinbarten Kündigungsgründe würde das Recht zur außerordentlichen Kündigung jedoch beschränken und ist nicht wirksam.

Sonderregelungen für außerordentliche Kündigungen gibt es bei Berufsausbildungsverhältnissen in § 15 BBiG und im Bereich der Seeschiffahrt in §§ 64 bis 69 und § 74 Abs. 4 SeemG. Außerdem sind auch bei einer außerordentlichen Kündigung die Anhörungsrechte des Betriebsrats zu beachten. Für besondere Personengruppen gelten zusätzliche Schutzvorschriften nach dem Mutterschutzgesetz, dem Bundeserziehungsgeldgesetz, dem Schwerbehindertengesetz, dem Arbeitsplatzschutzgesetz und dem Zivildienstgesetz. Ferner gelten für Mitglieder der Betriebsverfassungsorgane und für Abgeordnete und sonstige Volksvertreter besondere Schutzbestimmungen.

1 a. Wirksamkeitsvoraussetzungen

Voraussetzung einer außerordentlichen Kündigung ist ein "**wichtiger Grund".** Nach der Rechtsprechung wird ein wichtiger Grund durch objektiv vorliegende Tatsachen bestimmt, die an sich geeignet sind, die Fortsetzung des Dienst- oder Arbeitsverhältnisses unzumutbar zu machen.
Außer dem Vorhandensein eines solchen wichtigen Grundes "an sich" ist in einer zweiten Stufe eine **Abwägung der Interessen** beider Vertragsteile erforderlich. Nur wenn die Fortsetzung des Arbeitsverhältnisses unter Abwägung der Interessen von Arbeitgeber und Arbeitnehmer bis zum Ablauf der Kündigungsfrist oder bis zur Beendigung des befristeten Arbeitsverhältnisses unzumutbar ist, ist die Kündigung berechtigt.
Darüber hinaus ist eine außerordentliche Kündigung nur wirksam, wenn die Kündigung innerhalb der **zweiwöchigen Ausschlußfrist** gem. § 626 Abs. 2 BGB nach Kenntnis der für die Kündigung maßgebenden Tatsachen erfolgt.

Die im Gesetz vorgeschriebene Berücksichtigung aller Umstände des Einzelfalles und die ebenfalls vorgeschriebene Abwägung der jeweiligen Interessen beider Vertragsteile führt dazu, dass es keine sogenannten absoluten Kündigungsgründe gibt. Auch wenn ein an sich durchaus als wichtiger Grund geeigneter Umstand vorliegt, muss stets eine Abwägung aller für oder gegen die außerordentliche Beendigung des Arbeitsverhältnisses sprechenden Umstände erfolgen.
Ob ein wichtiger Grund vorliegt, wird vom Bundesarbeitsgericht in zwei Stufen geprüft:

Erste Stufe:

Sind die **Tatsachen selbst objektiv geeignet**, einen wichtigen Grund für die Kündigung darzustellen?

Zweite Stufe:

Ist dem Arbeitgeber unter **Berücksichtigung aller Umstände des Einzelfalles** und nach **Abwägung der Interessen beider Vertragsteile** die Fortsetzung des Arbeitsverhältnisses bis zum Ablauf der ordentlichen Kündigungsfrist oder bis zur Beendigung des Arbeitsverhältnisses bei einem befristeten Arbeitsvertrag unzumutbar?
Bei der Prüfung, ob Tatsachen selbst objektiv geeignet sind, einen wichtigen Grund für die Kündigung darzustellen, haben sich in der Rechtsprechung Fallgruppen von Sachverhalten (Katalog der Kündigungsgründe) herausgebildet, die in der Regel als außerordentlicher Kündigungsgrund ausreichen. Diese stellen allerdings, wie schon dargestellt, keine absoluten Gründe für eine außerordentliche Kündigung dar. Auch wenn ein bestimmter Kündigungssachverhalt an sich für eine außerordentliche Kündigung geeignet ist, kann sich aufgrund der konkreten Umstände des Einzelfalles unter Abwägung der

Interessen beider Vertragsteile ergeben, dass ein wichtiger Grund für die außerordentliche Kündigung nicht vorliegt.

Einzelfälle

Als objektiv für eine außerordentliche Kündigung geeignete Gründe wurden von der Rechtsprechung folgende Umstände angesehen:

Androhung einer Erkrankung

Erklärt der Arbeitnehmer, er werde krank, wenn der Arbeitgeber ihm den bewilligten Urlaub nicht verlängere, obwohl er im Zeitpunkt dieser Ankündigung nicht krank war und sich auch noch nicht krank fühlen konnte, so ist ein solches Verhalten ohne Rücksicht darauf, ob der Arbeitnehmer später tatsächlich erkrankt, geeignet, einen wichtigen Grund zur außerordentlichen Kündigung abzugeben.

Anzeige gegen Arbeitgeber

Ein außerordentlicher Kündigungsgrund wurde bejaht bei einer Anzeige bei der Finanzbehörde, verneint jedoch bei einer Anzeige nach vorangegangener Rüge bei Verletzung von Unfallverhütungsvorschriften und bei Lkw-Überladung.

Arbeitsverweigerung

Nicht jede Arbeitsverweigerung stellt einen außerordentlichen Kündigungsgrund dar. In der Regel ist eine Abmahnung erforderlich. Eine beharrliche Arbeitsverweigerung berechtigt jedoch grundsätzlich zur außerordentlichen Kündigung.
Eine beharrliche Arbeitsverweigerung setzt voraus, dass der Arbeitnehmer die ihm übertragene Arbeit bewusst und nachhaltig nicht leisten will. Dabei genügt es nicht, dass der Arbeitnehmer eine Weisung unbeachtet lässt, sondern es muss eine intensive Weigerung des Arbeitsnehmers vorliegen. Allerdings kann die Beharrlichkeit auch darin zu sehen sein, dass der Arbeitnehmer in einem einmaligen Fall eine Anweisung nicht befolgt; dies muss dann aber durch eine vorhergehende, erfolglose Abmahnung verdeutlicht werden. Es muss also zu vermuten sein, der Arbeitnehmer werde in Zukunft seiner Arbeitspflicht nicht nachkommen. Entscheidend ist, ob eine Wiederholungsgefahr besteht oder ob das vergangene Ereignis sich auch künftig weiter belastend auswirkt.

Beleidigung

Grobe Beleidigungen gegenüber dem Arbeitgeber oder gegenüber Vorgesetzten können eine außerordentliche Kündigung rechtfertigen, private beleidigende Äußerungen, von denen der Vorgesetzte durch Dritte Kenntnis erhält, rechtfertigen eine außerordentliche Kündigung in der Regel jedoch nicht.

Betriebliche Gründe

Betriebliche Gründe berechtigen grundsätzlich nicht zur außerordentlichen Kündigung. Auch die Betriebsschließung stellt regelmäßig keinen Grund für eine außerordentliche Kündigung dar, weil der Arbeitgeber sein Betriebsrisiko nicht auf den Arbeitnehmer abwälzen darf. Auch die Eröffnung des Konkurses berechtigt nicht zur außerordentlichen Kündigung.

Nur bei ordentlich unkündbaren Arbeitnehmern, d. h., wenn die ordentliche Kündigung eines Arbeitnehmers durch Gesetz, Tarifvertrag, Betriebsvereinbarung oder Einzelvertrag ausgeschlossen ist, und wenn diese Arbeitnehmer nicht in einen anderen Betrieb des Unternehmens versetzt werden können, soll der Arbeitgeber nicht über Jahre hinaus - etwa bis zum Rentenalter des Arbeitnehmers - verpflichtet sein, bei einer Betriebsschließung oder bei einer ansonsten fehlenden Beschäftigungsmöglichkeit das vereinbarte Arbeitsentgelt fortzuzahlen, ohne die Arbeitsleistung des Arbeitnehmers in Anspruch nehmen zu können. In diesem Fall kann der Arbeitgeber das Arbeitsverhältnis aus betriebsbedingten Gründen außerordentlich kündigen. Ein solcher Ausnahmefall liegt regelmäßig vor, wenn ein Arbeitnehmer im Unternehmen nicht mehr weiterbeschäftigt werden kann und der Arbeitgeber ohne Kündigungsmöglichkeit gezwungen wäre, ein sinnentleertes Arbeitsverhältnis über viele Jahre hinweg allein noch durch entsprechende Gehaltszahlungen aufrechtzuerhalten. Bevor der Arbeitgeber die Kündigung erklärt, muss er jedoch mit allen zumutbaren Mitteln versuchen, eine Weiterbeschäftigung des Arbeitnehmers an anderer Stelle im Unternehmen zu ermöglichen. Da der Ausschluss des ordentlichen Kündigungsrechts jedoch einen besonderen Schutz für den Arbeitnehmer bedeutet, soll er in diesem Fall nicht schlechter stehen, als wenn die ordentliche Kündigung nicht ausgeschlossen wäre. Daher ist der Arbeitgeber bei Ausspruch einer außerordentlichen betrieblichen Kündigung gegenüber einem ordentlich nicht mehr kündbaren Arbeitnehmer zwingend verpflichtet, die Kündigungsfrist einzuhalten, die gelten würde, wenn die ordentliche Kündigung nicht ausgeschlossen wäre (soziale Auslauffrist).

Falschaussage

Die Bereitschaft eines Arbeitnehmers, in einem Rechtsstreit gegen seinen Arbeitgeber vorsätzlich falsch auszusagen, ist an sich geeignet, eine außerordentliche Kündigung zu rechtfertigen.

Führerscheinentziehung

Die Entziehung der Fahrerlaubnis kann bei einem Berufskraftfahrer zur außerordentlichen Kündigung führen, wenn die Fortsetzung des Arbeitsverhältnisses zu geänderten Bedingungen unmöglich oder unzumutbar ist.

Geschäftsschädigende Äußerungen

Geschäftsschädigende Äußerungen über den Arbeitgeber können zur außerordentlichen Kündigung berechtigen.

Konkurrenztätigkeit

Während des rechtlichen Bestandes eines Arbeitsverhältnisses ist einem Arbeitnehmer jede Konkurrenztätigkeit zum Nachteil seines Arbeitgebers untersagt, auch wenn dies im Arbeitsvertrag nicht ausdrücklich geregelt ist. Die Verletzung dieses während der Dauer des Arbeitsverhältnisses bestehenden Wettbewerbsverbotes kann an sich einen wichtigen Grund für die außerordentliche Kündigung darstellen.

Krankheit

Da schon an eine ordentliche Kündigung wegen der Erkrankung eines Arbeitnehmers ein strenger Maßstab anzulegen ist, kommt eine außerordentliche Kündigung nur in eng begrenzten Ausnahmefällen in Betracht. Voraussetzung ist,

dass dem Arbeitgeber die Fortsetzung des Arbeitsverhältnisses im Sinne von § 626 Abs. 1 BGB bis zum Ablauf der Kündigungsfrist oder bis zur vereinbarten Beendigung des Dienstverhältnisses nicht zugemutet werden kann.
Da die Einhaltung der Kündigungsfrist bei der Erkrankung eines Arbeitnehmers immer zumutbar sein dürfte, wird eine außerordentliche Kündigung in der Regel, wenn überhaupt, nur bei einem Ausschluss der ordentlichen Kündigung aufgrund einer tarifvertraglichen oder einzelvertraglichen Regelung in Frage kommen.

Ebenso wie bei einer wegen Erkrankung ausgesprochenen ordentlichen Kündigung ist die Wirksamkeit der außerordentlichen Kündigung in drei Stufen zu prüfen, wobei diese Prüfung den hohen Anforderungen Rechnung tragen muss, die an eine außerordentliche Kündigung zu stellen sind.
Zunächst ist eine **negative Zukunftsprognose** hinsichtlich der gesundheitlichen Entwicklung des Arbeitnehmers erforderlich. Außerdem müssen die entstandenen und prognostizierten Fehlzeiten zu einer
erheblichen Beeinträchtigung der betrieblichen Interessen führen.
In der **dritten Stufe** ist zu prüfen, ob dem Arbeitgeber die erhebliche Beeinträchtigung betrieblicher Interessen unter Berücksichtigung der künftigen Vertragsbindung **billigerweise noch zumutbar** ist.
Der Ausschluss der ordentlichen Kündigung durch eine tarifvertragliche oder einzelvertragliche Regelung kann sich danach zu Lasten des Arbeitnehmers auswirken, da an die Unzumutbarkeit bei einer kurzen Kündigungsfrist höhere Anforderungen zu stellen sind als bei einer langen Vertragsbindung bis zur Pensionierung bei Ausschluss der ordentlichen Kündigung.
Maßgeblich bei der Interessenabwägung ist insbesondere, ob das Arbeitsverhältnis seinen wirtschaftlichen Sinn verliert, wenn der Arbeitgeber gezwungen wäre, das verlustbringende Arbeitsverhältnis bis zum Erreichen der Altersgrenze des Arbeitnehmers fortzusetzen. Auch unter Berücksichtigung des durch den Ausschluss der ordentlichen Kündigung angezeigten besonders strengen Maßstabes kann es dem Arbeitgeber unzumutbar werden, ein Arbeitsverhältnis fortzusetzen, das wegen der häufigen Erkrankung des Arbeitnehmers nicht mehr auf den gegenseitigen Austausch von Leistungen (Arbeitsleistung und Arbeitsvergütung) gerichtet ist und dadurch sinnentleert wird. Dies gilt insbesondere, wenn dem Arbeitnehmer bei der außerordentlichen Kündigung wegen Krankheit eine der ordentlichen Kündigung entsprechende Auslauffrist zugebilligt wird.
Insbesondere die feststehende dauernde krankheitsbedingte Arbeitsunfähigkeit kann die außerordentliche Kündigung bei einem Arbeitnehmer rechtfertigen, bei dem die ordentliche Kündigung ausgeschlossen ist.
Dagegen ist die krankheitsbedingte Minderung der Leistungsfähigkeit eines Arbeitnehmers in der Regel nicht geeignet, einen wichtigen Grund für eine außerordentliche Kündigung darzustellen.
Bei der außerordentlichen Kündigung eines Betriebsratsmitglieds ist bei der Beurteilung der Unzumutbarkeit der Fortsetzung des Arbeitsverhältnisses auf die Kündigungsfrist abzustellen, die ohne den besonderen Betriebsratskündigungsschutz nach § 15 KSchG für eine ordentliche Kündigung gelten würde. Dies führt dazu, dass das Arbeitsverhältnis eines Betriebsratsmitglieds in aller Regel nicht wegen häufiger krankheitsbedingter Fehlzeiten außerordentlich gekündigt werden kann, weil dem Arbeitgeber die Fortsetzung des Arbeitsverhältnisses bei der Erkrankung eines Arbeitnehmers bis zum Ablauf der ordentlichen Kündigungsfrist immer zumutbar sein dürfte.

Urlaub

Tritt der Arbeitnehmer eigenmächtig einen vom Arbeitgeber nicht genehmigten Urlaub an, so verletzt er seine arbeitsvertraglichen Pflichten; ein solches Verhalten ist an sich geeignet, einen wichtigen Grund für eine fristlose Kündigung darzustellen.

Straftat

Straftaten gegen den Arbeitgeber berechtigen in aller Regel zur außerordentlichen Kündigung. Straftaten, die nicht im Zusammenhang mit dem Arbeitsverhältnis stehen, stellen nur ausnahmsweise einen außerordentlichen Kündigungsgrund dar, wenn sie sich konkret auf das Arbeitsverhältnis auswirken können (z. B. Vermögensstraftat eines Kassierers).

Verdacht einer schwerwiegenden Verfehlung

Der Verdacht einer strafbaren Handlung oder sonstiger schwerwiegender Verfehlungen kann selbständig einen Grund zur außerordentlichen Kündigung darstellen, wenn es gerade der Verdacht ist, der das für das Arbeitsverhältnis notwendige Vertrauen in die Rechtschaffenheit des Arbeitnehmers zerstört oder der Verdacht in anderer Hinsicht eine unerträgliche Belastung des Arbeitsverhältnisses darstellt. Der Arbeitgeber ist jedoch verpflichtet, den Arbeitnehmer vor der Kündigung zu den gegen ihn erhobenen Verdachtsmomenten zu hören. Wird diese Anhörungspflicht schuldhaft verletzt, ist die Verdachtskündigung unwirksam.

1.b Interessenabwägung

In der zweiten Stufe ist die Interessenabwägung durchzuführen. Dabei muss die Abwägung der Interessen beider Parteien dazu führen, dass dem Kündigenden unter Berücksichtigung aller Umstände des Einzelfalles angesichts des objektiv geeigneten Kündigungsgrundes die Fortsetzung des Arbeitsverhältnisses bis zum Ablauf der ordentlichen Kündigungsfrist oder bis zur vertragsgemäßen Beendigung eines befristeten Arbeitsverhältnisses nicht zumutbar ist.
Dabei sind die Interessen des Arbeitgebers an der Beendigung des Arbeitsverhältnisses den Interessen des Arbeitnehmers an der Fortsetzung gegenüberzustellen. Hierbei sind die Betriebszugehörigkeit, die ordentliche Kündigungsfrist, die Art und Schwere der Verfehlung, der Verschuldensgrad, die Wiederholungsgefahr, das Lebensalter des Arbeitnehmers, die Betriebsgröße sowie die Folgen der Auflösung des Arbeitsverhältnisses für den Arbeitnehmer zu berücksichtigen. Bei der Interessenabwägung sind auch mildere Mittel wie Änderungskündigung, Versetzung und ordentliche Kündigung in Betracht zu ziehen.
Ob eine außerordentliche Kündigung vor einem Arbeitsgericht Bestand haben wird, ist angesichts der vielfältigen Kriterien, die bei der Zumutbarkeit gegeneinander abzuwägen sind, schwer vorhersehbar. Andererseits wird vom gekündigten Arbeitnehmer gegen eine außerordentliche Kündigung in der Regel Kündigungsschutzklage erhoben. Hierzu wird er oft auch vom Arbeitsamt aufgefordert, wenn er die nach einer außerordentlichen Kündigung zu verhängende Sperrzeit für das Arbeitslosengeld nicht akzeptieren will.

Praxistipp:

Um sicherzustellen, dass das Arbeitsgericht im Kündigungsschutzprozeß hilfsweise die weniger strengen Voraussetzungen einer ordentlichen Kündigung prüft, sollte die außerordentliche Kündigung hilfsweise zugleich auch als ordentliche Kündigung erklärt werden.

Praxistipp:

Bei der Anhörung des Betriebsrats zur außerordentlichen Kündigung ist der Betriebsrat darauf hinzuweisen, dass die vorgesehene außerordentliche Kündigung hilfsweise als ordentliche Kündigung gelten soll.
Dabei muss beachtet werden, dass bei einer außerordentlichen Kündigung der Betriebsrat sich innerhalb von **längstens drei Tagen** äußern muss. Wird die außerordentliche Kündigung an eine ordentliche geknüpft, muss ihm dagegen eine Woche Zeit gegeben werden. Erst nach Ablauf dieser Frist darf die hilfsweise mit der außerordentlichen Kündigung verbundene ordentliche Kündigung ausgesprochen werden, wenn der Betriebsrat der Kündigung nicht sofort zustimmt oder eine abschließende Stellungnahme abgibt.

1c. Einhaltung der Ausschlussfrist

Nach § 626 Abs. 2 BGB kann die außerordentliche Kündigung nur innerhalb einer Frist von zwei Wochen erfolgen. Innerhalb dieser Ausschlußfrist muss die Kündigungserklärung zugehen. Die Frist beginnt mit dem Zeitpunkt, in dem der Kündigungsberechtigte von den für die **Kündigung maßgebenden Tatsachen Kenntnis erlangt**. Vermutungen, selbst grob fahrlässige Unkenntnis, reichen nicht aus. Die Tatsachen müssen dem Kündigungsberechtigten die Entscheidung ermöglichen, ob für ihn die Fortsetzung des Arbeitsverhältnisses zumutbar ist oder nicht. Sind noch Ermittlungen über den Kündigungssachverhalt erforderlich, ist der Beginn der Ausschlußfrist so lange gehemmt, wie der Kündigungsberechtigte aus verständlichen Gründen mit der gebotenen Eile Ermittlungen durchführte und der Kündigungsgegner dies erkennen konnte. Dies gilt insbesondere, wenn der Arbeitnehmer vor der Kündigung angehört wird. Die Anhörung muss dann im Allgemeinen jedoch binnen einer Woche durchgeführt werden.
Grundsätzlich kommt es darauf an, wann der Kündigungsberechtigte Kenntnis von den Kündigungsgründen hat. Ausnahmsweise kann es jedoch für den Verlauf der Ausschlußfrist ausreichen, wenn ein Dritter, dem keine Entlassungsbefugnis zusteht, Kenntnis von den Kündigungsgründen erhält. Der Kündigungsberechtigte muss sich die Kenntnis eines Dritten dann zurechnen lassen, wenn dessen Stellung im Betrieb nach den Umständen des Einzelfalles erwarten lässt, er werde den Kündigungsberechtigten über den Kündigungsgrund informieren.
Der Kündigungsberechtigte kann sich dann nicht auf seine spätere Kenntnis berufen, wenn diese darauf beruht, dass die Organisation des Betriebs zu einer verzögerten Unterrichtung über den Kündigungsgrund führt, obwohl eine andere Organisation sachgemäß und zumutbar wäre.
Bei juristischen Personen ist grundsätzlich die Kenntnis des zur Kündigung berechtigten Organs entscheidend, bei der GmbH ist für die Kündigung eines Geschäftsführers die Kenntnis der Gesellschaftsversammlung maßgeblich.
Die Versäumung der Ausschlussfrist hat zur Folge, dass eine außerordentliche Kündigung nicht mehr möglich ist. Das Recht, eine ordentliche Kündigung unter Einhaltung der Kündigungsfrist auszusprechen, wird durch die versäumte Ausschlussfrist jedoch nicht berührt. Die ordentliche Kündigung kann daher mit

den Tatsachen begründet werden, die wegen der Fristversäumnis für die außerordentliche Kündigung nicht mehr berücksichtigt werden durften.

2. Die betriebsbedingte Kündigung

2a . Einführung

Das Recht des Arbeitgebers, das Arbeitsverhältnis des Arbeitnehmers durch eine (fristgerechte) ordentliche Kündigung zu beenden, wird durch den allgemeinen Kündigungsschutz (§§ 1-14 KSchG) eingeengt. Die ordentliche Kündigung gegenüber einem Arbeitnehmer, der unter den allgemeinen Kündigungsschutz fällt, ist sozial ungerechtfertigt, wenn sie nicht durch Gründe, die in der Person oder in dem Verhalten des Arbeitnehmers liegen, oder durch dringende betriebliche Erfordernisse bedingt ist, die einer Weiterbeschäftigung des Arbeitnehmers in diesem Betrieb entgegenstehen (§ 1 Abs. 2 Satz 1 KSchG). Ebenso wie personen- und verhaltensbedingte Gründe sind somit auch betriebsbedingte Gründe unter bestimmten Voraussetzungen dazu geeignet, eine ordentliche Kündigung sozial zu rechtfertigen. Fehlt es dagegen im Einzelfall an den Voraussetzungen des allgemeinen Kündigungsschutzes (z. B. wegen Nichterreichens der sechsmonatigen Wartezeit), so kann der Arbeitgeber auch dann - unter Einhaltung der jeweils geltenden Kündigungsfrist - ordentlich kündigen, wenn keine personen-, verhaltens- oder betriebsbedingte Gründe vorliegen, wenn die Kündigung nicht sittenwidrig oder treuwidrig ist.

2b. Dringende betriebliche Erfordernisse

Der Personalbedarf eines Betriebs oder Unternehmens ist von zahlreichen externen und internen Faktoren abhängig. Als kündigungsschutzrechtlich relevante außerbetriebliche Umstände kommen nur solche in Betracht, die einen konkreten Bezug zu dem Betrieb des Arbeitgebers haben. Nur wenn sich die betriebsexternen Faktoren (z. B. Auftragsmangel, Absatzschwierigkeiten, Umsatzrückgang, Veränderung der Marktstruktur) unmittelbar auf den Betrieb des Arbeitgebers auswirken, handelt es sich um "betriebsbedingte" Gründe. Auf allgemeine arbeitsmarkt-, beschäftigungs- oder sozialpolitische Erwägungen kann der Arbeitgeber daher nicht mit Erfolg eine ordentliche Kündigung stützen.

Hinweis

Der **außerbetriebliche** Grund muss so beschaffen sein, dass durch ihn ein Überhang an Arbeitskräften herbeigeführt wird, durch den unmittelbar oder mittelbar das Bedürfnis zur Weiterbeschäftigung eines oder mehrerer Arbeitnehmer entfällt

.

Als dringende betriebliche Erfordernisse für arbeitgeberseitige Kündigungen kommen auch **innerbetriebliche** Gründe (z. B. Änderung oder Einführung neuer Arbeits- oder Produktionsmethoden, Organisationsänderung, Betriebseinschränkung, Rationalisierungsmaßnahmen) in Betracht. Die innerbetrieblichen Gründe müssen so beschaffen sein, dass das Bedürfnis für die Weiterbeschäftigung eines oder mehrerer Arbeitnehmer entfällt.

Die betrieblichen Erfordernisse müssen "dringend" sein. In dem Merkmal der Dringlichkeit kommt zum Ausdruck, dass der Arbeitgeber bei betriebsbedingten Kündigungen den Grundsatz der Verhältnismäßigkeit zu beachten hat. Vor Ausspruch einer betriebsbedingten Kündigung muss der Arbeitgeber deshalb von sich aus dem Arbeitnehmer eine beiden Parteien zumutbare Weiterbeschäftigung auf einem freien Arbeitsplatz auch zu geänderten Arbeitsbedingungen anbieten. Aus dem das gesamte Kündigungsschutzrecht beherrschenden Grundsatz der

Verhältnismäßigkeit ergibt sich der Vorrang der Änderungskündigung vor der Beendigungskündigung. Das setzt voraus, dass ein freier vergleichbarer (gleichwertiger) Arbeitsplatz oder ein freier Arbeitsplatz zu geänderten (schlechteren) Arbeitsbedingungen vorhanden ist und der Arbeitnehmer über die hierfür erforderlichen Fähigkeiten und Kenntnisse verfügt bzw. nach zumutbaren Fort- und Weiterbildungsmaßnahmen verfügen würde. Bei einer möglichen und zumutbaren Weiterbeschäftigung zu schlechteren Arbeitsbedingungen muss zunächst eine ordentliche betriebsbedingte Änderungskündigung erklärt werden. Eine betriebsbedingte Beendigungskündigung kommt in Betracht, wenn eine zumutbare Weiterbeschäftigung auch zu schlechteren Arbeitsbedingungen nicht möglich ist oder vom Arbeitnehmer vorbehaltlos und endgültig abgelehnt wird.

Der Arbeitgeber kann auf außer- oder innerbetriebliche Umstände unterschiedlich reagieren, d. h. er kann anstelle von Kündigungen auch andere Maßnahmen (z. B. Abbau der Überstunden, Versetzungen, Verstärkung der Werbemaßnahmen, Preissenkung, Verbesserung der Produktqualität) ergreifen. Hierbei steht ihm ein unternehmerisches Ermessen zu. Die grundsätzliche Freiheit der Unternehmerentscheidung erkennen auch die Gerichte für Arbeitssachen an, indem sie darauf verzichten, die unternehmerische Entscheidung auf ihre Notwendigkeit und Zweckmäßigkeit zu überprüfen. Nach der ständigen Rechtsprechung des BAG beschränkt sich die gerichtliche Prüfung organisatorischer, technischer und wirtschaftlicher Unternehmerentscheidungen, die sich konkret nachteilig auf die Beschäftigungsmöglichkeiten von Arbeitnehmern auswirken, auf eine gerichtliche **Missbrauchskontrolle** des Inhalts, ob die Unternehmerentscheidung offensichtlich unsachlich, unvernünftig oder willkürlich ist. Bei einer beschlossenen und tatsächlich durchgeführten Unternehmerentscheidung besteht eine Vermutung dafür, dass sie aus sachlichen Gründen erfolgte, mit der Folge, dass der Arbeitnehmer im Kündigungsschutzprozess die Umstände darzulegen und bei Bestreiten des Arbeitgebers zu beweisen hat, aus denen sich ergibt, dass die getroffenen innerbetrieblichen Strukturmaßnahmen offenbar unsachlich, unvernünftig oder willkürlich sind. Aus der beschränkten Kontrolle der Unternehmerentscheidung folgt insbesondere auch, dass von den Arbeitsgerichten nicht zu prüfen ist, ob die vom Arbeitgeber aufgrund seiner Unternehmerentscheidung erwarteten Vorteile in einem vernünftigen Verhältnis zu den Nachteilen stehen, die der Arbeitnehmer durch die Kündigung erleidet.
Vom Gericht voll nachzuprüfen ist, ob eine Unternehmerentscheidung tatsächlich vorliegt und ob durch ihre Umsetzung das Beschäftigungsbedürfnis für die Weiterbeschäftigung eines oder mehrerer Arbeitnehmer entfällt.
Der Begriff des unternehmerischen Ermessens hat keinen für alle künftigen Fälle feststehenden Inhalt; er ist stets im Hinblick auf den Zusammenhang mit der der Geschäftsführung zugrunde liegenden Unternehmenspolitik zu bestimmen.

2c. Einzelne betriebsbedingte Gründe

Für den Wegfall eines Arbeitsplatzes gibt es zahlreiche außer- oder innerbetriebliche Gründe. Eine erschöpfende Aufzählung dieser Tatbestände ist nicht möglich. Im Folgenden werden nur die wichtigsten außer- und innerbetrieblichen Faktoren dargestellt, die dazu geeignet sind, eine ordentliche Kündigung sozial zu rechtfertigen.

Absatzschwierigkeiten
Auftragsmangel
Betriebseinschränkung
Betriebsstilllegung
Gewinnverfall
Insolvenzverfahren
Organisationsänderung
Outsourcing
Personaleinsparung
Rationalisierungsmaßnahmen
Umsatzrückgang

2d. Sonstige Gründe der Sozialwidrigkeit

Hat der Betriebsrat einer aus betrieblichen Gründen erklärten ordentlichen Kündigung zu Recht widersprochen, so stellt dies einen absoluten Grund für die Sozialwidrigkeit dar, d. h. es bedarf keiner fallbezogenen Interessenabwägung. Das BAG berücksichtigt in ständiger Rechtsprechung einige der in § 1 Abs. 2 Satz 2 und Satz 3 KSchG geregelten Unwirksamkeitsgründe auch dann, wenn kein Widerspruch des Betriebsrats vorliegt. Unabhängig vom Vorliegen eines Widerspruchs des Betriebsrats hat der Arbeitgeber vor Ausspruch einer betriebsbedingten Kündigung zu prüfen, ob

der zur kündigende Arbeitnehmer an einem anderen Arbeitsplatz im selben Betrieb oder in einem anderen Betrieb des Unternehmens weiterbeschäftigt werden kann;

die Weiterbeschäftigung des Arbeitnehmers nach zumutbaren Umschulungs- oder Fortbildungsmaßnahmen möglich ist oder

die Weiterbeschäftigung des Arbeitnehmers unter geänderten Vertragsbedingungen möglich ist.

Bei einer Weiterbeschäftigungsmöglichkeit ist die vom Arbeitgeber erklärte ordentliche Kündigung sozialwidrig und damit unwirksam. Entsprechendes gilt dann, wenn die Weiterbeschäftigung des Arbeitnehmers nach zumutbaren Umschulungs- oder Fortbildungsmaßnahmen möglich ist. Dabei ist zu beachten, dass die Weiterbeschäftigung nicht betriebs-, sondern unternehmensbezogen zu prüfen ist. Vor Ausspruch einer betriebsbedingten Kündigung hat der Arbeitgeber festzustellen, ob vergleichbare freie Arbeitsplätze im Betrieb oder in einem anderen Betrieb des Unternehmens vorhanden sind. Dabei muss der freie Arbeitsplatz den Fähigkeiten des Arbeitnehmers entsprechen, wobei es nach dem Bundesarbeitsgericht grundsätzlich der freien unternehmerischen Entscheidung unterliegt, das Anforderungsprofil für einen eingerichteten Arbeitsplatz festzulegen. Ein Mitbestimmungsrecht des Betriebsrats besteht hierbei nicht. Soweit für die sachgerechte Erledigung einer Arbeitsaufgabe bestimmte persönliche oder sachliche Voraussetzungen erforderlich sind, kann die unternehmerische Entscheidung, welche Anforderungen an den Stelleninhaber zu stellen sind, nur auf offenbare Unsachlichkeit überprüft werden. Dies hat zur Folge, dass die Entscheidung des Arbeitgebers, bestimmte Tätigkeiten nur von Arbeitnehmern mit besonderer Qualifikation ausführen zu lassen, von den Arbeitsgerichten grundsätzlich zu respektieren ist. Abweichendes gilt nur, wenn die Qualifikationsmerkmale keinen nachvollziehbaren Bezug zur Organisation der auszuführenden Arbeiten haben oder bei rein persönlichen Merkmalen ohne hinreichenden Bezug zur konkreten Arbeitsaufgabe. Einarbeitungszeiten, die der

Arbeitnehmer benötigt, schaden allerdings nicht. Ein vergleichbarer Arbeitsplatz liegt vor, wenn der Arbeitgeber aufgrund seines Weisungsrechts den Arbeitnehmer ohne Änderung seines Arbeitsvertrags im Betrieb oder in einem anderen Betrieb des Unternehmens weiterbeschäftigen kann.

Ist kein vergleichbarer freier Arbeitsplatz vorhanden, so hat der Arbeitgeber weiterhin zu prüfen, ob eine Weiterbeschäftigung zu geänderten Vertragsbedingungen auf einem freien Arbeitsplatz möglich ist. Der Arbeitgeber muss von sich aus dem Arbeitnehmer eine beiden Parteien zumutbare Weiterbeschäftigung auf einem freien Arbeitsplatz zu geänderten Arbeitsbedingungen anbieten. Ob der angebotene Arbeitsplatz zumutbar ist, ist die alleinige Entscheidung des Arbeitnehmers. Daher sind grundsätzlich alle freien Arbeitsplätze im Unternehmen auf gleicher oder niedrigerer Ebene im Vergleich zur bisher vertragsgemäß geschuldeten Tätigkeit anzubieten. Nur in offensichtlich unzumutbaren Fällen muss ein niedriger qualifizierter Arbeitsplatz nicht angeboten werden (z. B. Pförtnerposten für den Personalleiter). Als frei gelten auch solche Arbeitsplätze, die in absehbarer Zeit nach Ablauf der Kündigungsfrist frei werden, sofern dem Arbeitgeber die Überbrückung dieses Zeitraums zumutbar ist.

Das Angebot kann der Arbeitnehmer unter dem Vorbehalt der sozialen Rechtfertigung annehmen. Bei der zuletzt genannten Fallkonstellation scheidet für den Arbeitgeber der Ausspruch einer betriebsbedingten Beendigungskündigung aus. Als zulässiges kündigungsrechtliches Gestaltungsmittel kommt in einem derartigen Fall eine betriebsbedingte Änderungskündigung (§ 2 KSchG) in Betracht. Lehnt der Arbeitnehmer das Änderungsangebot vorbehaltlos und endgültig ab, kann der Arbeitgeber eine betriebsbedingte Beendigungskündigung aussprechen. Allerdings obliegt es dem Arbeitgeber im Rahmen einer gerichtlichen Auseinandersetzung darzulegen und gegebenenfalls zu beweisen, dass dem Arbeitnehmer ein konkretes Angebot gemacht wurde. Darüber hinaus hat der Arbeitgeber darzulegen und gegebenenfalls zu beweisen, dass der Arbeitnehmer dieses Angebot in Verbindung mit dem Hinweis erhalten hat, dass die Ablehnung zu einer betriebsbedingten Beendigungskündigung des Arbeitgebers führen wird. Außerdem muss dargelegt und gegebenenfalls bewiesen werden, dass der Arbeitnehmer unter Berücksichtigung der Überlegungsfrist, die der Kündigungsfrist - längstens jedoch der 3-Wochen-Frist des § 4 KSchG - entsprochen hat, dieses Angebot endgültig und vorbehaltlos abgelehnt hat. In der Regel scheitert dies an dem Umstand, dass von Seiten des Arbeitnehmers keine endgültige Ablehnung erklärt wird. Daher ist regelmäßig auch im Anschluss an vorherige Verhandlungen mit dem ablehnenden Arbeitnehmer eine Änderungskündigung anstelle der Beendigungskündigung auszusprechen. Darüber hinaus ist der Arbeitgeber nicht verpflichtet, in jedem Fall zunächst eine Verhandlungslösung zu versuchen. Er kann auch sogleich eine Änderungskündigung aussprechen, in dem er Angebot und Kündigung miteinander verbindet. Unterlässt es der Arbeitgeber, dem Arbeitnehmer vor

Ausspruch einer Beendigungskündigung ein mögliches und zumutbares Änderungsangebot zu unterbreiten, dann ist die Kündigung sozial ungerechtfertigt, wenn der Arbeitnehmer einem vor der Kündigung gemachten entsprechenden Vorschlag zugestimmt hätte.

Ein Verstoß gegen personelle Auswahlrichtlinien (§ 95 BetrVG) führt nur dann zur absoluten Sozialwidrigkeit einer aus betrieblichen Gründen erklärten Kündigung, wenn der Betriebsrat aus diesem Grunde der beabsichtigten Kündigung frist- und ordnungsgemäß widersprochen hat.

2e. Soziale Auswahl

Trotz Vorliegens von dringenden betrieblichen Erfordernissen ist eine Kündigung sozial ungerechtfertigt, wenn der Arbeitgeber bei der Auswahl des Arbeitnehmers die vier Grunddaten **Dauer der Betriebszugehörigkeit, Lebensalter, Unterhaltspflichten und Schwerbehinderung** des Arbeitnehmers nicht oder nicht ausreichend berücksichtigt hat (§ 1 Abs. 3 Satz 1 KSchG). Die Verpflichtung des Arbeitgebers zur sozialen Auswahl hat die Funktion, diejenigen Arbeitnehmer zu ermitteln, die von einer Kündigung sozial am wenigsten betroffen sind. Dabei ist zu prüfen, für welche Arbeitnehmer oder Arbeitnehmergruppen das Bedürfnis zur Weiterbeschäftigung entfällt.

Praxis-Beispiel

Werden in einem Betrieb aufgrund einer technischen Rationalisierungsmaßnahme 3 Ingenieure, 2 Techniker, 4 Maschinenschlosser und 8 Hilfsarbeiter nicht mehr beschäftigt, so hat der Arbeitgeber innerhalb der jeweiligen Arbeitnehmergruppen die Auswahl der zu kündigenden Arbeitnehmer nach den vier Grunddaten vorzunehmen.

Von einer an sozialen Gesichtspunkten orientierten Auswahlentscheidung macht das Gesetz dann eine Ausnahme, wenn die Weiterbeschäftigung bestimmter Arbeitnehmer wegen ihrer Kenntnisse, Fähigkeiten und Leistungen oder zur Sicherung einer ausgewogenen Personalstruktur im berechtigten betrieblichen Interesse liegt (§ 1 Abs. 3 Satz 1 KSchG).

2f. Anspruch auf Abfindung bei betriebsbedingter Kündigung

Seit dem 1.1.2004 hat der Arbeitgeber die Möglichkeit, dem Arbeitnehmer bei Ausspruch der betriebsbedingten Kündigung eine Abfindung anzubieten (§ 1a Abs. 1 KSchG). Verzichtet der Arbeitnehmer anschließend auf die Erhebung einer Kündigungsschutzklage, so hat er einen Anspruch auf Zahlung der Abfindung. In diesem Fall kann der Arbeitnehmer also wählen, ob er gegen die Kündigung klagt oder eine gesetzliche Abfindung beansprucht. An dieses Wahlrecht sind allerdings Voraussetzungen geknüpft, denn ein genereller Abfindungsanspruch bei betriebsbedingten Kündigungen besteht nicht.

Der Arbeitgeber muss die schriftliche Kündigung ausdrücklich auf dringende betriebliche Gründe stützen und explizit darauf hinweisen, dass der Arbeitnehmer bei Verstreichenlassen der dreiwöchigen Klagefrist die Abfindung beanspruchen kann. Es genügt dabei, wenn die Kündigung als betriebsbedingt bezeichnet wird. Eine nähere Begründung ist nicht erforderlich. Es ist also die Entscheidung des Arbeitgebers, ob er eine Abfindung anbietet oder nicht.

Will der Arbeitnehmer im Hinblick auf eine solche Erklärung des Arbeitgebers den gesetzlichen Abfindungsanspruch geltend machen, genügt es, wenn keine Klage gegen die Kündigung erhoben wird. Eine ausdrückliche Erklärung seitens des Arbeitnehmers ist nicht erforderlich.
Die Höhe der Abfindung beträgt nach § 1a Abs. 2 KSchG 0,5 Monatsverdienste für jedes Jahr des Bestehens des Arbeitsverhältnisses. Als Monatsverdienst gilt, was dem Arbeitnehmer bei der für ihn maßgebenden regelmäßigen Arbeitszeit in dem Monat, in dem das Arbeitsverhältnis endet, an Geld und Sachbezügen zusteht. Bei der Dauer des Arbeitsverhältnisses ist ein Zeitraum von mehr als sechs Monaten auf ein volles Jahr aufzurunden.

3. Verhaltensbedingte Kündigung

Die verhaltensbedingte Kündigung erfasst den gesamten Bereich der arbeitsvertraglichen Pflichtwidrigkeiten. So können Pflichtverstöße im Leistungsbereich, bei Nebenpflichten (Schutz- und Treuepflichten), im Vertrauensbereich und im Bereich der betrieblichen Verbundenheit und Ordnung (Betriebsbereich) eine verhaltensbedingte Kündigung rechtfertigen.
Die Annahme der sozialen Rechtfertigung einer verhaltensbedingten Kündigung ist gegeben, "wenn ein verständig denkender Arbeitgeber bei ruhiger Abwägung der wechselseitigen Interessen kündigen würde". Die Kündigung muss somit dem Grundsatz der Verhältnismäßigkeit entsprechen und ist somit sozial ungerechtfertigt, wenn sich vertragsgemäßes Verhalten des Arbeitnehmers noch mit anderen Mitteln, z.B. durch eine Abmahnung, erreichen lässt.
Entscheidend ist, wie sich das Arbeitsverhältnis in Zukunft entwickeln wird. Mit dem Kündigungsausspruch soll das Risiko weiterer Vertragsverletzungen durch den Arbeitnehmer ausgeschlossen werden. Da die verhaltensbedingte Kündigung keinen Strafcharakter haben soll, ist entscheidend, ob eine Wiederholungsgefahr besteht oder ob das vergangene Verhalten des Arbeitnehmers künftige Folgewirkungen zeitigt, wegen derer eine gedeihliche Fortsetzung des Arbeitsverhältnisses ausgeschlossen ist.
Regelmäßig, also nicht unbedingt, ist Verschulden des Arbeitnehmers (Vorsatz oder Fahrlässigkeit). Voraussetzung für eine verhaltensbedingte Kündigung .
Hierbei kann gerade die Schwere der Pflichtverletzung die vertrauensvolle Fortführung des Arbeitsverhältnisses für die Zukunft ausgeschlossen erscheinen lassen. Je stärker das Verschulden, um so eher ist eine ungünstige Prognose gerechtfertigt.

3a. Voraussetzungen

Die ordentliche Kündigung eines ArbN, dessen Arbeitsverhältnis in den Geltungsbereich des KSchG fällt, ist nach § 1 Satz 2 KSchG nur wirksam, wenn sie **sozial gerechtfertigt** ist. Nach § 1 Abs. 2 Satz 1 ist eine Kündigung u.a. sozial ungerechtfertigt, wenn sie nicht durch das **Verhalten** des ArbN bedingt ist.
Eine Kündigung aus Gründen im Verhalten des ArbN ist gerechtfertigt, wenn das dem ArbN vorgeworfene Verhalten eine **Vertragspflicht verletzt,** das Arbeitsverhältnis dadurch **konkret beeinträchtigt** wird, keine zumutbare Möglichkeit **anderweitiger Beschäftigung** besteht und die Lösung des

Arbeitsverhältnisses bei **Abwägung der Interessen** beider Parteien billigenswert und angemessen erscheint.
Entscheidend ist, ob das Fehlverhalten des ArbN im Einzelfall geeignet ist, einen ruhig und verständig urteilenden ArbG zur Kündigung zu bestimmen.

Als Kündigungsgründe kommen in Betracht: Leistungsstörungen (Schlechtleistung, unentschuldigtes Fehlen und sonstige Verstöße gegen die Arbeitspflicht), Störungen der betrieblichen Ordnung (Beleidigung von Arbeitskollegen, Verstöße gegen Verhaltenspflichten wie Rauch- und Alkoholverbot), Störungen im Vertrauensverhältnis (unerlaubte Handlungen, insb. Straftaten), Verletzung von Nebenpflichten (verspätete Krankmeldung, Nichtvorlegen von AU- Bescheinigungen).

3.aa Objektiver Grund

Wie bei einer fristlosen Kündigung ist zunächst zu prüfen, ob das Verhalten des AN **„an sich geeignet"** ist, eine ordentliche Kündigung zu rechtfertigen. Bei **rechtswidrigen** und **schuldhaften** Verstößen gegen die Haupt- und Nebenleistungspflichten aus dem Vertrag ist dies der Fall. Dabei ist ohne Bedeutung, ob die Vertragsverletzung zu einer Störung des Betriebsfriedens oder der Arbeitsordnung geführt hat. Mögliche Auswirkungen des Verhaltens auf den Betriebsablauf oder den Betriebsfrieden sind im Rahmen der **Interessenabwägung** zu berücksichtigen.
Vorsatz ist nicht erforderlich. Auch **fahrlässige** Pflichtverletzungen können zu einer verhaltensbedingten Kündigung führen. Selbst **unverschuldete** Pflichtwidrigkeiten sollen die ordentliche verhaltensbedingte Kündigung rechtfertigen können, wenn aufgrund objektiver Umstände mit Wiederholungen zu rechnen ist.

3.bb Prognose

Verhaltensbedingte Leistungsverstöße sind nur dann kündigungsrelevant, wenn auch künftige Vertragsverstöße zu befürchten sind. Auch die verhaltensbedingte Kündigung ist zukunftsbezogen. Entscheidend ist daher, ob eine **Wiederholungsgefahr** besteht oder ob das vergangene Ereignis sich auch künftig weiter belastend auswirkt.
Die verhaltensbedingte Kündigung stellt keine Sanktion dar, sie ist lediglich das letzte Mittel für den ArG, um Vertragsverletzungen abzustellen, welche seine Interessen beeinträchtigen. Zuvor muss er alle anderen, ihm zumutbaren Maßnahmen zur **Vermeidung der Kündigung** ergriffen haben.
Daraus folgt, dass der ArbG erst kündigen darf, wenn nicht mehr erwartet werden darf, dass der ArbN werde sich zukünftig vertragsgerecht verhalten.
Diesen Schluss wird man in der Regel erst dann ziehen, wenn der ArbG schon wegen Vertragsverletzungen abgemahnt hatte und es erneut zu einem vertragswidrigen Verhalten gekommen ist. Diese Abmahnung muss vergeblich sein, bevor gekündigt werden kann.
Dagegen ist eine Abmahnung **entbehrlich,** wenn es sich um schwere Pflichtverletzungen geht, deren Rechtswidrigkeit für den AN ohne weiteres erkennbar ist. Eine vorangegangene Kündigung, die für unwirksam erklärt worden ist, erfüllt die Funktion eine Abmahnung, wenn der Kündigungssachverhalt als solcher feststeht.

3.cc Interessenabwägung

Unabhängig davon, wie schwerwiegend der Pflichtverstoß ist, bleibt stets zu prüfen, ob unter Berücksichtigung der Gesamtumstände des Einzelfalles das **Interesse** des ArbG an der Beendigung des Arbeitsverhältnisses das des AN an seiner Fortsetzung **überwiegt**. Hier sind die Sozialdaten des AN heranzuziehen. Das Vorliegen betrieblicher Störungen ist nicht unabdingbare Voraussetzung für die soziale Rechtfertigung der verhaltensbedingten Kündigung.
Es wirkt sich lediglich im Rahmen der Interessenabwägung zulasten des AG aus, wenn sein Verhalten negative **betriebliche Auswirkungen** hatte. Es können nur konkrete Störungen herangezogen werden.

3.dd Ultima Ratio

Nach dem **Verhältnismäßigkeitsgrundsatz** kommt eine Kündigung nur in Betracht, wenn sie nicht durch andere mildere Maßnahmen vermeidbar ist. Deshalb muss der AG zunächst prüfen, ob nicht eine **Versetzung** auf einen anderen Arbeitsplatz oder eine **Weiterbeschäftigung** zu geänderten Bedingungen (ggfs. auch schlechteren) in Frage kommt. Dies setzt allerdings voraus, dass sich das Fehlverhalten auf den neuen Arbeitsplatz nicht mehr auswirkt. Sinnvoll kann eine Versetzung sein, wenn ein AN mit einem anderen ständig in Streit gerät, weniger sinnvoll ist eine solche Versetzung bei ständigem zu spät kommen.

3.ff Darlegungs- und Beweislast

Der AG hat die Darlegungs- und Beweislast für den Kündigungsgrund und damit auch für die Rechtswidrigkeit des Vertragsverstoßes und ein eventuelles Verschulden des AN. Nach dem Grundsatz der abgestuften Darlegungs- und Beweislast kann sich der AG aber zunächst darauf beschränken, den objektiven Tatbestand der Pflichtverletzung darzulegen.
Will der AN demgegenüber einen Rechtfertigungs- oder Entschuldigungsgrund geltend machen, so muss er diesen substantiiert vortragen.
Beruft sich z.B ein AN, welcher der Arbeit fern geblieben ist und keine Arbeitsunfähigkeitsbescheinigung beigebracht hat, darauf, er sei arbeitsunfähig gewesen, hat er deshalb im Einzelnen dazulegen, woran er erkrankt war und weshalb er nicht arbeiten konnte.
Ist der AN seiner Darlegungspflicht nachgekommen, so hat der **AG** nun seinerseits die Umstände, welche **die Rechtfertigungs- und Entschuldigungsgründe ausschließen** sollen, im Einzelnen vorzutragen und unter Beweis zu stellen.

Fallgruppen:

Arbeitsverweigerung

An müssen tun, was sie sollen und das so gut sie es können. Wer sich trotz Abmahnung weigert, seine Leistung auszuschöpfen oder eine vertraglich geschuldete Arbeit zu erledigen, verstößt rechtswidrig, schuldhaft und in beharrlicher Weise gegen seine Arbeitspflichten. In diesen ist regelmäßig eine ordentliche Kündigung gerechtfertigt.

Der AN verletzt seine Arbeitspflicht nicht, wenn er unzulässige Arbeit (z.B. gesetzlich unzulässige Mehrarbeit ablehnt.

Wiederholtes unentschuldigtes Fehlen nach Abmahnung ist an sich geeignet, eine verhaltensbedingte Kündigung zu rechtfertigen. Entsprechendes gilt für Verspätungen und unbefugtes Verlassen des Arbeitsplatzes.

Pflichtverletzung bei Krankheit

Der AN ist nach § 5 EFZG im Krankheitsfall verpflichtet, **ohne schuldhaftes Zögern** dem AG formlos mitzuteilen, dass und wie lange er voraussichtlich erkrankt sein wird. Vor Ablauf des auf die ersten drei Kalendertage der Arbeitsunfähigkeit folgenden Arbeitstages muss er dem AG dann die Arbeitsunfähigkeitbescheinigung zusenden. Entsprechendes gilt für **Folgeerkrankungen.**
Sowohl das Vortäuschen der Arbeitsunfähigkeit als auch der dringende Verdacht, der AN täusche die AU vor, können neben der außerordentlichen auch eine ordentliche Kündigung rechtfertigen.

Schlecht- oder Minderleistung

Der AN muss unter angemessener Ausschöpfung seiner persönlichen Leistungsfähigkeit arbeiten. Die Leistungspflicht ist nicht starr, sondern dynamisch. Sie orientiert sich an der persönlichen Leistungsfähigkeit des AN. Daraus folgt nicht, dass er selbst seine Leistungspflicht willkürlich bestimmen kann. Er muss tun, was er soll, und zwar so gut, wie er kann. Wenn er durch schlechte oder fehlende Leistungen gegen diese Verpflichtung verstößt, kommt nach vorangegangener vergeblicher Abmahnung eine ordentliche Kündigung in Betracht. Eine Kündigung kann jedoch nicht allein damit begründet werden, ein AN arbeite verglichen mit anderen schlechter oder am schlechtesten. Denn einer von mehreren AN bringt immer die schlechteste Arbeitsleistung, ohne dass daraus zwingend geschlossen werden könnte, er arbeite nicht zufriedenstellend. Im Rahmen der Interessenabwägung wird darüber hinaus immer zu berücksichtigen sein, wie erheblich die Schlechtleistung ist und auf welchen Ursachen sie beruht.

4. Personenbedingte Kündigung

Eine Kündigung kann gemäß § 1 Abs. 2 KSchG aus in der Person des Arbeitnehmers liegenden Gründen sozial gerechtfertigt sein. Dem liegt der Gedanke zugrunde, dass auch das Arbeitsverhältnis Austauschcharakter hat, also letztlich das Verhältnis von Leistung (Arbeitsleistung des Arbeitnehmers) und Gegenleistung (Vergütungspflicht des Arbeitgebers) angemessen sein soll. Personenbedingte Gründe zur Kündigung sind solche, die auf den **persönlichen Eigenschaften, Fähigkeiten und Fertigkeiten** des Arbeitnehmers, also auf einem in seiner Sphäre liegenden Eignungsmangel beruhen. Gründe in der Person des Arbeitnehmers liegen vor, wenn die vom betroffenen Arbeitnehmer ausgehende Störung des arbeitsvertraglichen Äquivalenzverhältnisses kein steuerbares Fehlverhalten des Arbeitnehmers darstellt.
Mit der Befugnis zur personenbedingten Kündigung soll der Arbeitgeber die Möglichkeit erhalten, das Arbeitsverhältnis aufzulösen, wenn der Arbeitnehmer die erforderliche Eignung, Fähigkeiten und Fertigkeiten auf Dauer oder auf eine unabsehbare Zeit **nicht (mehr)** besitzt, um die geschuldete Arbeitsleistung zu erbringen.

Vor Ausspruch der Kündigung muss stets geprüft werden, ob der AN auf einen anderen, **freien Arbeitsplatz** des Betriebes oder Unternehmens weiterbeschäftigt werden kann. Hat der AG diese Prüfung versäumt, ist die Kündigung jedoch nur unwirksam, wenn die Möglichkeiten der Weiterbeschäftigung tatsächlich bestand. Die objektive Lage ist entscheidend. Der Arbeitgeber muss weiter prüfen, ob eine Möglichkeit zur Weiterbeschäftigung nach zumutbaren Umschulungs- und Fortbildungsmaßnahmen besteht. Und endlich muss der AG versuchen, den AN zu geänderten Arbeitsbedingungen- ggfs. auf einem Arbeitsplatz mit geringeren Anforderungen und verminderter Bezahlung- zu beschäftigen. Damit ist erst einmal der Einsatz auf einem **freien Arbeitsplatz** angesprochen. Ist ihm eine weitere Beschäftigung des AN zu geänderten Bedingungen zumutbar, scheidet eine wirksame personenbedingte Beendigungskündigung aus, wenn der An das Angebot des AG zumindest unter Vorbehalt angenommen hat.
Der Anwendungsbereich der personenbedingten Kündigung ist vielschichtig. Hauptanwendungsfälle der personenbedingten Kündigung sind die verschiedenen Fälle der **krankheitsbedingten Kündigung**.

4a. Alkoholkonsum als Kündigungsgrund

Ob Alkoholkonsum im Betrieb ein Grund zur Kündigung ist, hängt vom Einzelfall ab, insbesondere von der Art des Unternehmens, dem Ausmaß und der Häufigkeit des Alkoholkonsums, einem allgemein oder speziell an den Arbeitnehmer gerichteten Verbot des Alkoholkonsums im Betrieb durch den Arbeitgeber, den betrieblichen Gepflogenheiten, dem Verhalten des Arbeitnehmers nach dem Alkoholkonsum und seinem sonstigen Verhalten. Eine vorherige, vergebliche Abmahnung ist im Allgemeinen vor der Kündigung erforderlich. Liegt gleichzeitig krankhafter Alkoholismus vor, gilt das im nächsten Absatz Gesagte.
Alkoholkonsum außerhalb des Betriebs kann nur ausnahmsweise ein Grund zur Kündigung sein. Eine Kündigung kann z. B. gerechtfertigt sein, wenn durch übermäßigen Alkoholkonsum in der Öffentlichkeit ein leitender Angestellter das Ansehen des Unternehmens nachhaltig und wiederholt beeinträchtigt hat oder

wenn ein Arbeitnehmer alkoholisiert zur Arbeit erscheint, insbesondere wenn er Kraftfahrer ist. Eine Alkomatmessung kann in Zweifelsfällen sowohl zur Be- wie zur Entlastung des Arbeitnehmers führen.

4b. Trunksucht als Kündigungsgrund

Kündigt der Arbeitgeber einem Arbeitnehmer wegen Trunksucht, richtet sich die Beurteilung der Kündigung grundsätzlich nach den Rechtssätzen, die das BAG für die krankheitsbedingte Kündigung aufgestellt hat (Krankheitsbedingte Kündigung). Aus den Besonderheiten der Trunksucht kann sich aber die Notwendigkeit ergeben, an die Prognose im Hinblick auf die weitere Entwicklung der Alkoholabhängigkeit geringere Anforderungen zu stellen. Ist der Arbeitnehmer im Zeitpunkt der Kündigung nicht therapiebereit, kann davon ausgegangen werden, dass er von dieser Krankheit in absehbarer Zeit nicht geheilt wird; eine von ihm nach Ausspruch der Kündigung durchgeführte Therapie und ihr Ergebnis können daher nicht zur Korrektur der Prognose herangezogen werden.

Fällt ein Arbeitnehmer unter den Geltungsbereich des Kündigungsschutzgesetzes (mehr als 5 Arbeitnehmer, mehr als 6-monatige Dauer des Arbeitsverhältnisses, vgl. § 23 Abs. 1 KSchG), ist eine Kündigung wegen Krankheit in der Regel nur in drei Fällen sozial gerechtfertigt im Sinne des Kündigungsschutzgesetzes:
Langanhaltende Krankheit (sog. Dauererkrankung), wenn im Zeitpunkt der Kündigung nicht abzusehen ist, ob und wann der Arbeitnehmer wieder arbeitsfähig wird, und aus betrieblichen Gründen eine Wiederbesetzung des Arbeitsplatzes notwendig ist.
Häufige Kurzerkrankungen in der Vergangenheit und gerechtfertigte Annahme, dass sich der Gesundheitszustand auch in Zukunft nicht bessern wird, so dass weiter mit häufigen krankheitsbedingten Fehlzeiten zu rechnen ist.
Krankheitsbedingte Minderung der Leistungsfähigkeit
Eine ordentliche Kündigung wegen einer lang anhaltenden Krankheit kommt als letztes Mittel erst dann in Betracht, wenn dem Arbeitgeber die Durchführung von Überbrückungsmaßnahmen (z. B. Einstellung von Aushilfskräften, Überstunden, personelle Umorganisation) nicht möglich oder nicht mehr zumutbar ist. Dies ist dann anzunehmen, wenn zum Zeitpunkt des Kündigungszugangs aufgrund der objektiven Umstände mit einer Arbeitsunfähigkeit auf nichtabsehbare Zeit zu rechnen ist und gerade diese Ungewissheit zu unzumutbaren betrieblichen oder wirtschaftlichen Belastungen führt.
Bei der durch den Arbeitgeber vorzunehmenden Gesundheitsprognose kommt es auf die tatsächlichen Gegebenheiten zum Zeitpunkt der Kündigung an. Eine nach Kündigungszugang, aber vor Ende der Kündigungsfrist durchgeführte Entziehungskur eines Alkoholkranken macht die Kündigung nicht unwirksam. Ein Wiedereinstellungsanspruch besteht nur bei eindeutig positiver Gesundheitsprognose.
Arbeitnehmer, die länger als zwei Jahre krank sind, müssen zumindest in kleinen und mittleren Unternehmen wegen der damit verbundenen Beeinträchtigung der betrieblichen Interessen damit rechnen, gekündigt zu werden. Das Bundesarbeitsgericht orientierte sich in seiner Entscheidung vom 29.4.1999 an der gesetzlichen Obergrenze für befristete Aushilfsverträge von ebenfalls 24 Monaten, die es den Betrieben schwer macht, für einen noch längeren Zeitraum eine Vertretungslösung zu organisieren.

Die Sozialwidrigkeit einer wegen häufiger Kurzerkrankungen ausgesprochenen ordentlichen Kündigung des Arbeitgebers ist vom Gericht in drei Stufen zu prüfen

1. Stufe:

Zunächst ist festzustellen, ob zum Zeitpunkt des Zugangs der Kündigung objektive Tatsachen vorgelegen haben, die die Besorgnis weiterer Erkrankungen im bisherigen Umfang rechtfertigen. Häufige Kurzerkrankungen in der

Vergangenheit können für ein entsprechendes Erscheinungsbild in der Zukunft sprechen.
Dann darf der Arbeitgeber sich zunächst darauf beschränken, die Fehlzeiten in der Vergangenheit darzulegen, die entsprechende Fehlzeiten in der Zukunft erwarten lassen. Daraufhin muss der Arbeitnehmer dartun, weshalb mit einer baldigen Genesung zu rechnen ist. Dieser prozessualen Mitwirkungspflicht genügt er bei unzureichender ärztlicher Aufklärung oder Kenntnis von seinem Gesundheitszustand schon dann, wenn er die Behauptung des Arbeitgebers bestreitet und die ihn behandelnden Ärzte von der Schweigepflicht entbindet.

2. Stufe:

Die prognostizierten Fehlzeiten sind nur dann geeignet, eine krankheitsbedingte Kündigung im Sinne des Kündigungsschutzgesetzes sozial zu rechtfertigen, wenn sie zu einer erheblichen Beeinträchtigung der betrieblichen Interessen führen. Diese Beeinträchtigung ist ein Teil des Kündigungsgrundes. Es kommen zwei Arten von Beeinträchtigungen betrieblicher Interessen in Betracht:
Wiederholte kurzfristige Ausfallzeiten des Arbeitnehmers können zu schwerwiegenden Störungen im Produktionsprozess wie Stillstand von Maschinen, Rückgang der Produktion wegen kurzfristig eingesetzten, erst einzuarbeitenden Ersatzpersonals, Überlastung des verbliebenen Personals oder Abzug von an sich benötigten Arbeitskräften aus anderen Arbeitsbereichen führen (Betriebsablaufstörungen). Solche Störungen sind nur dann als Kündigungsgrund geeignet, wenn sie nicht durch mögliche Überbrückungsmaßnahmen vermieden werden können, z. B. Neueinstellung einer Aushilfskraft, aber auch der Einsatz eines Arbeitnehmers aus einer vorgehaltenen Personalreserve. Die Möglichkeit der Einstellung von Aushilfskräften ist bei Kurzerkrankungen gegenüber Langzeiterkrankungen eingeschränkt.
Ein zur sozialen Rechtfertigung einer Kündigung geeigneter Grund kann auch eine erhebliche wirtschaftliche Belastung des Arbeitgebers sein. Davon ist auszugehen, wenn mit immer neuen beträchtlichen krankheitsbedingten Fehlzeiten des Arbeitnehmers und entsprechenden Mehraufwendungen für die Beschäftigung von Aushilfskräften zu rechnen ist. Das gilt auch für hohe Entgeltfortzahlungskosten, die für jährlich jeweils einen Zeitraum von mehr als sechs Wochen aufzuwenden sind. Dabei ist nur auf die Kosten des Arbeitsverhältnisses und nicht auf die Gesamtbelastung des Betriebs mit Entgeltfortzahlungskosten abzustellen.

3. Stufe:

Liegt nach den vorstehenden Grundsätzen eine erhebliche betriebliche oder wirtschaftliche Beeinträchtigung betrieblicher Interessen vor, so ist in einer 3. Stufe im Rahmen der nach § 1 Abs. 2 KSchG gebotenen Interessenabwägung zu prüfen, ob diese Beeinträchtigungen aufgrund der Besonderheiten des Einzelfalles

vom Arbeitgeber noch hinzunehmen sind oder ein solches Ausmaß erreicht haben, dass sie ihm nicht mehr zuzumuten sind. Bei der Interessenabwägung ist allgemein zu berücksichtigen, ob die Erkrankungen auf betriebliche Ursachen zurückzuführen sind, ob bzw. wie lange das Arbeitsverhältnis zunächst ungestört verlaufen ist, ferner das Alter und der Familienstand des Arbeitnehmers. Unterhaltspflichten und eine etwaige Schwerbehinderung sind bei der Interessenabwägung stets zu berücksichtigen.
In der 3. Stufe ist ferner zu prüfen, ob dem Arbeitgeber zumutbar ist, die erheblichen betrieblichen Beeinträchtigungen durch an sich weitere Überbrückungsmaßnahmen zu verhindern.

Ganz erheblich für die Frage, wann Lohnfortzahlungskosten eine Kündigung rechtfertigen, ist auch ein Vergleich mit Arbeitnehmern, die eine vergleichbare Arbeit unter ähnlichen Bedingungen verrichten. Ist auch bei den Kollegen die Quote der krankheitsbedingten Ausfälle besonders hoch, dann kann nur eine ganz erheblich höhere Ausfallquote eine Kündigung rechtfertigen, und dies auch nur, wenn Überbrückungsmaßnahmen nicht erfolgreich oder nicht zumutbar gewesen sind.
Fehlzeiten und Entgeltfortzahlungskosten für einen Zeitraum bis zu sechs Wochen im Jahr sind kündigungsrechtlich unerheblich. Im Übrigen gibt es keine festen Grenzwerte für die krankheitsbedingte Kündigung. Die Entscheidung über die Sozialwidrigkeit der Kündigung hängt vielmehr stets von den Umständen des Einzelfalls, namentlich der Ursache der Erkrankungen, dem Alter des Arbeitnehmers, der Dauer seiner Betriebszugehörigkeit und dem bisherigen Verlauf des Arbeitsverhältnisses ab. Gleiches gilt für die Entgeltfortzahlungskosten. Sie müssen zum einen erheblich sein, was aber bei jährlich mehr als 6 Wochen Arbeitsunfähigkeit infolge Krankheit anzunehmen ist, zum anderen müssen sie zu einer unzumutbaren Belastung für den Arbeitgeber geworden sein.
Eine ordentliche Kündigung wegen häufiger Erkrankungen ist nicht schon deswegen unwirksam, weil der Arbeitgeber nicht vor Ausspruch der Kündigung versucht hat - insbesondere durch Anhörung des Arbeitnehmers über die Art der Erkrankung -, die voraussichtliche Entwicklung des Gesundheitszustandes zu ermitteln. Es kommt vielmehr bei einer solchen Kündigung darauf an, ob objektive Tatsachen vorliegen, die die Besorgnis weiterer Erkrankungen rechtfertigen.
Zu 3. Eine krankheitsbedingte Minderung der Leistungsfähigkeit ist grundsätzlich geeignet, eine ordentliche Kündigung aus personenbedingten Gründen sozial zu rechtfertigen. Es muss sich jedoch um eine erhebliche Einschränkung der Leistungsfähigkeit handeln. Eine solche hat das BAG bejaht bei einer Minderleistung von 2/3 der Normalleistung. Zusätzlich ist für eine ordentliche Kündigung erforderlich, dass dies zu einer unzumutbaren betrieblichen oder wirtschaftlichen Belastung führt.
Wichtig
Eine Krankheit des Arbeitnehmers kann nur in eng begrenzten Ausnahmefällen dem Arbeitgeber die Fortsetzung des Arbeitsverhältnisses unzumutbar und damit einen wichtigen Grund zur außerordentlichen Kündigung darstellen. Ein solcher Ausnahmefall kommt z. B. in Betracht, wenn eine ordentliche Kündigung tariflich oder vertraglich ausgeschlossen ist, wobei in diesen Fällen grundsätzlich eine der ordentlichen Kündigungsfrist entsprechende Auslauffrist einzuhalten ist krankheitsbedingten Minderung der Leistungsfähigkeit bei älteren Arbeitnehmern

muss der Arbeitgeber regelmäßig durch organisatorische Maßnahmen (z. B. Änderung des Arbeitsablaufs, menschengerechtere Gestaltung.

4c. Eignung

Die fehlende Eignung für die vertraglich geschuldete Arbeitsleistung kann eine Kündigung begründen. Hauptanwendungsfälle sind die **mangelnde fachliche Qualifikation, Nichtbestehen von Prüfungen, mangelhafte Kenntnisse.**
Lassen sich die Leistungsmängel auf fehlenden Willen des AN zurückführen, gelten die Grundsätze der verhaltensbedingten Kündigung.
Eignungsmängel, die eine personenbedingte Kündigung rechtfertigen sollen, dürfen nicht auf vertragswidrigem Verhalten beruhen.
Da es bei einer personenbedingten Kündigung wegen fehlender Eignung nicht auf ein Verschulden ankommt, ist eine Abmahnung vor Ausspruch der Kündigung nicht erforderlich.
Eine personenbedingte Kündigung kommt beispielsweise auch in Betracht, wenn bei einem über über längere Zeit **erheblich leistungsschwachen** Mitarbeiter auch für die Zukunft mit einer schweren Störung des Vertragsgleichgewichts zu rechnen ist (Leistungsminderung von 50-60%).

4d. Minderleistung

Der AN muss am Arbeitsplatz seine **persönliche Leistungsfähigkeit** ausschöpfen. Bleibt er ohne Verstoß gegen diese subjektive Leistungspflicht mit seinem Arbeitsergebnis deutlich hinter den anderen AN und damit auch hinter der Durchschnittsleistung zurück, kann dies zu einer personenbedingten Kündigung führen. Dabei kommt es darauf an, ob seine Arbeitsleistung die berechtigten Erwartungen des AG von der Gleichwertigkeit der beiderseitigen Leistungen in einem Maße unterschreitet, dass ihm ein Festhalten an dem Arbeitsvertrag unzumutbar wird.

xxxxxxxxxxxxxxxxxxxxxxxxxxxxxxxxxxxxxxxxxxxxxxxxxxxxxxxxxxxxxxxxxxxxxx